Wilhelm Zenker

Die kommerzielle Bedeutung des Suezkanals

unter besonderer Berücksichtigung Deutschlands

Wilhelm Zenker

Die kommerzielle Bedeutung des Suezkanals

unter besonderer Berücksichtigung Deutschlands

ISBN/EAN: 9783954271566
Erscheinungsjahr: 2012
Erscheinungsort: Bremen, Deutschland

© maritimepress in Europäischer Hochschulverlag GmbH & Co. KG, Fahrenheitstr. 1, 28359 Bremen. Alle Rechte beim Verlag und bei den jeweiligen Lizenzgebern.

www.maritimepress.de | office@maritimepress.de

Bei diesem Titel handelt es sich um den Nachdruck eines historischen, lange vergriffenen Buches. Da elektronische Druckvorlagen für diese Titel nicht existieren, musste auf alte Vorlagen zurückgegriffen werden. Hieraus zwangsläufig resultierende Qualitätsverluste bitten wir zu entschuldigen.

Der

Suez-Canal

und

seine commercielle Bedeutung, besonders für Deutschland.

Von

Dr. Wilhelm Zenker,

Lehrer an der Königlichen Realschule zu Berlin, Mitglied der zur Beobachtung der totalen Sonnenfinsterniß am 18. August 1868 nach Aden entsandten Norddeutschen Expedition.

Separat-Abdruck aus der Weser-Zeitung.

Bremen 1869.

Druck von Carl Schünemann.

Einleitung.

Noch im Laufe dieses Jahres soll die Welt um ein Wunderwerk reicher werden. Auf den 1. October 1869 kündigt Herr v. Lesseps die Vollendung und Eröffnung des Suezcanals an, jenes Canals zur Verbindung des Rothen Meeres mit dem Mittelländischen, den die Pharaonen begannen, die Ptolemäer vollendeten, den vor mehr als tausend Jahren die Araber zerstörten und der nun wie ein Phönix aus der Asche, größer und wichtiger als je zuvor, aus dem Wüstensande des Isthmus ersteht.

Zehn Jahre genügten, um das gewaltige Werk zur Benutzung fertig herzustellen; aber sie genügten nicht, um die Meinungen, die man über sein Zustandekommen, seinen Bestand und seinen Einfluß auf den Welthandel hegte, zur Uebereinstimmung zu bringen. Die über den Suezcanal gefällten Urtheile widersprechen einander so vollständig in allen Punkten, daß die kaufmännische Welt, die doch dabei hauptsächlich interessirt ist, daraus bisher keineswegs eine Richtschnur für ihre Berechnungen hat nehmen können.

Indessen ist es nachgerade hohe Zeit, über die technische Leistungsfähigkeit und die commercielle Bedeutung dieses neuen Handelsweges sich klar zu werden, und für uns Deutsche namentlich, zu erwägen, welchen Einfluß derselbe auf den deutschen Handel ausüben kann, ob er ihm Vortheile oder Nachtheile bringen wird, oder ob vielleicht ein richtiges Ergreifen des Augenblicks dazu gehört, das eine zu vermeiden und das andere zu erringen. Besitzt wirklich der neue Seeweg in manchen Beziehungen wesentliche Vorzüge vor dem alten um Afrika herum, so ist klar, daß dann „eine abwartende Haltung beobachten" nichts weiter heißt, als die Vortheile, die eine energische und systematische Benutzung geboten hätte, vorläufig und vielleicht für immer aus der Hand geben.

Und da ich die Ueberzeugung hege, daß die Sache wirklich so liegt, so halte ich es für meine Pflicht, bei Zeiten die Aufmerksamkeit des deutschen Handelsstandes nach dieser Seite hin zu lenken. Ich will in dem Folgenden nicht Andern mein Urtheil aufdrängen, sondern vielmehr den Leser anregen und in den Stand setzen, sich selbst ein Urtheil zu bilden über diesen Gegenstand, den ich für einen hochwichtigen halte. Mag man dann die hier aufgestellten Berechnungen und Hinweisungen anerkennen oder verwerfen, mag man die hier gegebenen Vorschläge erfüllen oder unerfüllt lassen — mein Ziel, was ich zu erreichen hoffe, ist nur, daß die deutsche Handelswelt, so zu sagen, nicht ohne Programm diesem Ereigniß zusehe — hoffentlich dem wichtigsten dieses Jahres und vielleicht dem segensreichsten dieses Jahrhunderts!

Im Allgemeinen herrscht in Deutschland noch die von England aus importirte Ansicht, das ganze Unternehmen des Canalbaues sei ein verfehltes, derselbe werde weder zu Stande kommen, noch von Dauer sein; eine Ansicht, die aber heutzutage auch von den entschiedensten Gegnern desselben nicht mehr aufrecht erhalten wird. Die Technik der heutigen Zeit hat sich allen Schwierigkeiten der gestellten Aufgabe reichlich gewachsen gezeigt, und wie sie jetzt im Stande war, den Canal herzustellen als eine Meerenge durch die Wüste, so wird sie ohne Zweifel auch künftig im Stande sein, ihn in brauchbarem Zustande zu erhalten. Nur über den Umfang, den der Handelsverkehr durch den Canal gewinnen wird, können noch Zweifel herrschen, indem es feststeht, daß derselbe hauptsächlich nur durch Dampfschiffe wird stattfinden können. Denn bei der Enge sowohl des Mittelländischen wie des Rothen Meeres sind die den Canal passirenden Segelschiffe nicht im Stande, sich in diesen Meeren, wie im Ocean, günstige Winde aufzusuchen. Sie müssen auf fast genau vorgeschriebener Bahn bleiben, und wenn sie daher etwaige ungünstige Winde nicht mit Dampfkraft durchbrechen können, so verlieren sie bald wieder den Vorsprung an Zeit, den sie durch das gezahlte Canalgeld erringen wollten. So ist also die eigentliche Suezcanalfrage jetzt die, ob und für welche Waaren die Dampfschifffahrt durch den Canal in den Indischen Ocean wird concurriren können mit der Segelschifffahrt um Afrika herum.

Diese Frage zu erörtern ist der Gegenstand der nachfolgenden Blätter, und es wird möglich sein, in Zahlen nachzurechnen, für welche Artikel die Dampfschifffahrt und für welche die Segelschifffahrt vorzuziehen ist. An diese erste Frage aber knüpfen sich noch andere von großer Wichtigkeit. Für viele Artikel, die dann über das Mittelländische Meer kommen, ist nachher der Landweg über die Alpen hin nach Deutschland der vortheilhaftere, und wir können voraussehen, daß die Wege des Handels in Deutschland für viele Dinge gerade die entgegengesetzte Richtung annehmen werden wie bisher.

Neu werden sich die Verhältnisse der Concurrenz unter den handeltreibenden Völkern Europas gestalten, und hier ist es, wo Deutschland den Nachbarstaaten gegenüber suchen muß, seinem Handel mindestens die bisherige Selbständigkeit zu erhalten. Durch energische und planmäßige Benutzung der Verhältnisse von Anfang an wird es ihm möglich sein, nicht nur dies zu erreichen, sondern sogar im Handel mit Asien sich ganz auf die eigenen Füße zu stellen, vielleicht sogar noch den Zwischenhandel nach den ungünstiger gelegenen Ländern Europas an sich zu reißen, wie er einst in den Händen der Hansa war.

I. Geschichtlicher Ueberblick.

Die Idee einer Canalisirung der Landenge zwischen Asien und Afrika ist bekanntlich keineswegs alleiniges Eigenthum unserer Zeit. Im Gegentheil, schon vor Jahrtausenden finden wir unter den Pharaonen die Aegypter beschäftigt, einen Canal zu graben, der Aegyptens Handel und Macht auf die Küsten des Rothen Meeres und des Indischen Oceans ausdehnen und die Schätze des fernsten Ostens und Südens heranführen sollte. Im Interesse der Pharaonen lag es freilich nur, das Rothe Meer mit dem Nil, der Lebensader des eigenen Landes, zu verbinden, nicht mit dem Mittelländischen Meer, wodurch sie mehr für die Griechen und Phönizier, als für die Aegypter gesorgt haben würden. Der alte Canal der Pharaonen, der aber erst von den Ptolemäern vollendet wurde, zweigte sich daher aus dem östlichen Mündungsarm des Nil ab, zog sich ostwärts durch das heutige Wadi oder Wadi Tumilath zur eigentlichen Landenge und in dieser endlich südöstlich bis zum heutigen Suez, um sich dort mit dem Rothen Meere zu verbinden.

Dieser Canal, der lange einen lebhaften Handel vermittelte, bestand von 260 v. Chr. bis 767 n. Chr., also über ein Jahrtausend. Auch war es nicht der Samum, der ihn verschüttete, sondern dies geschah durch die Hände der Araber auf Befehl des Kalifen Al Mansor, um dadurch einem rebellischen Heerführer in Arabien die Zufuhr aus Aegypten abzuschneiden.

Seit jener Zeit fehlte es indessen nicht an neuen Canalprojecten, wie bei allen Landengen. Die Zahl derselben auf unserer Erde ist nicht groß, und mit der von Suez läßt sich eigentlich nur noch die von Panama vergleichen, wegen der Größe der durch sie verbundenen Ländermassen und wegen der bedeutenden Abkürzung, welche durch ihre oft beabsichtigte Canalisirung die Seewege erfahren würden. Aber selbst bei Landengen wie die von Corinth hat man sich viel mit Durchstichsprojecten beschäftigt, und sonderbarer Weise sind sie dort an demselben Wahn gescheitert, der auch das Wiedererstehen des Suezcanals so lange verzögerte.

Auch bei den Griechen hatte sich die Meinung Geltung verschafft, daß das Wasser der Bucht von Salamis höher stehe als das des Meerbusens von Corinth, und deshalb aus Furcht vor einer großen Ueberschwemmung unterblieb der Durchstich.

Gerade so hatten die geodätischen Messungen, die während der Expedition des Generals Bonaparte nach Aegypten im Jahre 1799 unter Lepère stattfanden, ergeben, daß das Rothe Meer sogar volle 30 Fuß höher stehe als das Mittelmeer, ein Resultat, welches man sich durch die Vorstellung zu erklären versuchte, daß die Strömungen des Indischen Oceans ein bedeutendes Andrängen des Wassers nach der Straße Bab-el-Mandeb verursachten. Dieser Irrthum, der den Geometern der genannten Expedition keineswegs zur Ehre gereicht, unterdrückte auf fast ein halbes Jahrhundert alle weiteren Canalisationspläne, bis erneuerte Vermessungen und schließlich die unter Linant Bey 1853 ihn aufdeckten und damit zugleich die Wissenschaft der Hydrographie von einem auf ihr lastenden Alp befreiten. Derselbe Irrthum ist übrigens auch bei der Landenge von Panama vorgekommen. In neueren Messungen zeigt sich aber immer deutlicher, daß in Wahrheit das Niveau der Meere überall dasselbe ist, und so muß der zwischen Suez und Port Saïd scheinbar noch vorhandene unbedeutende Unterschied (der mittlere Stand des Meeres zu Suez soll $0{,}16$ m. d. h. 6—7" höher sein als zu Port Saïd) wohl auf die Schwierigkeiten einer genauen Bestimmung des mittleren Niveaus im Rothen Meere zurückgeführt werden.

Ohne diese Berichtigung des früheren Fehlers wäre wahrscheinlich der Canal auch noch jetzt nicht gebaut. Die 30 Fuß Gefäll auf eine Entfernung von 160 Kilom. oder ca. $21^{2}/_{3}$ geogr. Meilen würden eine Strömung hervorbringen von zwar keineswegs reißender Heftigkeit, die in hundert Flüssen dem Schiffsverkehr aufwärts wie abwärts keine Schwierigkeiten bereitet, aber verhängnißvoll wäre sie geworden wegen des lockeren Bodens, den sie bespült hätte. Sand und Thon, woraus der Isthmus größtentheils besteht, würden bald bis zum Einsturz der Ufer losgerissen und weiter unterhalb wieder angeschwemmt worden sein zu Sandbänken, die den Verkehr eingeengt und gefährlich gemacht haben würden.*)

Auf die Vermessung von Linant Bey gründete sich daher das Project Ferdinands de Lesseps, damaligen französischen Generalconsuls zu Alexandrien, der 1854 die Gesellschaft zum Bau des Canals ins Leben rief und für dieselbe die Concession des Vicekönigs von Aegypten, Saïd

---

*) Im geraden Gegensatze hiezu betrachtete Stephenson eine solche Strömung als bringend erforderlich für den Fortbestand des Canals, da ohne sie eine Verschlämmung des Mittelmeerhafens unausbleiblich sei. Er wurde daher seit der Vermessung von Linant Bey ein entschiedener Gegner des Canalprojects.

Pascha, erhielt. Ungerechter Weise hat man oft Herrn de Lesseps den hohen Ruhm, der ihm gebührt, vorenthalten. Durch Klugheit, Thatkraft und Ausdauer wußte er alle Hindernisse zu besiegen, die seinem Unternehmen in den Weg traten: den Widerstand einer von Eifersucht aufgestachelten Nation, das Mißtrauen fast der ganzen Welt, die Zügellosigkeit eines Heeres von Arbeitern, die Oede einer Wüste, die Erschöpfung der Hülfsquellen. Trotz alledem wurde es ihm möglich, in der kurzen Zeit von 10 Jahren (1859 geschah der erste Spatenstich) das mächtige Werk des Wüstencanals zu vollenden, ein Wunderwerk der Neuzeit, welches die noch erhaltenen Werke des ägyptischen Alterthums an Großartigkeit und weitreichender Bedeutung weit hinter sich läßt — ein Werk des Friedens, welches unser so kriegerisches Zeitalter künftigen Jahrhunderten und Jahrtausenden zum Geschenke darbringt.

II. Beschreibung des Canals.

Wer früher den Isthmus passirte, der Asien mit Afrika verbindet und der in weiterem Sinne von der Linie Akaba-Gaza bis zu der Suez-Menzaleh reicht und sich nach Süden in die dreieckförmige Sinaï-Halbinsel verlängert, den umgab, soweit das Auge reicht, Nichts als eine weite hügelige Wüstenfläche, bedeckt von einem groben gelben Sande, der meistens ziemlich fest, an manchen Stellen aber auch als Flugsand Dünen bildend, die hernieberbrennenden Sonnenstrahlen heiß und blendend zurückwirft.

Verderben bringend strahlt die Sonne von dem meist unbewölkten Himmel herab, und verzehrt auch noch die spärlichen Reste von Feuchtigkeit, die auf dem Wüstenboden eine unscheinbare Vegetation von graulichen Dornengewächsen genährt hatten. Schnell lösen sich die durch die herrschenden Nordwinde etwa vom Gestade des Meeres herangetriebenen Wölkchen, die vom Reflex der Wüste gelb erscheinen, in dem heißen aufsteigenden Luftstrom auf, und nur ausnahmsweise bricht aus den Gegenden des Wendekreises ein Gewitterschauer nach Norden durch und entladet seine dunklen Wolkenberge in kurzen aber heftigen Regengüssen. Tief graben dann die plötzlich niederfallenden Wassermassen in den weichen Boden ihre Rinnsale, deren Anblick später in eigenthümlichem Gegensatze steht zu den übrigens rings sichtbaren Zeichen jahrelanger Dürre. Auch Wasserlachen können hie und da, wo der Boden undurchlässig ist, entstehen und sich längere Zeit erhalten, und sie versammeln, da sie den Kameelen zur Tränke dienen, ein buntes Karavanenleben an ihrem Ufer. Denn ein lebhafter Handel geht über den Isthmus hin und wieder, und die Schiffe der Wüste ziehen in langen Reihen schwerbeladen dahin, sich spiegelnd in den vom Boden aus erhitzten untersten Luftschichten, die überall trügerisch das Bild ausgedehnter Landseen dem Auge vorzaubern.

Einst freilich mögen wirkliche Wasserwellen über diesen Sandboden gerollt sein, ehe die Aufthürmung des Sinai Gebirges die benachbarten Landstrecken mit emporhob. Davon zeugen noch die Muschel- und Schneckenschalen, die man im Wüstensande findet und die mit den Schalen noch jetzt lebender Arten des Rothen Meeres übereinstimmen; davon zeugen die abgerundeten Kiesel, mit denen die Wüste übersäet ist, und deren Rinde, merkwürdiger Weise, wie die Haut des Menschen, von der Sonne geschwärzt ist; davon zeugt der Gehalt des Bodens an Salz und Gyps, durch den auch die Kameeltränken brakig werden. Davon zeugen mehr als alles andere die großen Vertiefungen: der Timsahsee, die Bitterseen im Westen und das Wadi el Araba mit dem todten Meere und dem Jordanthal im Osten.

Diese merkwürdigen Landstriche liegen tiefer als die Meeresfläche in Thälern, die sichtbar Fortsetzungen der beiden Ausläufer des rothen Meeres, des Meerbusens von Suez und von Akaba bilden, und sind stellenweise mit so concentrirten Salzlösungen angefüllt, daß das Salz sich in Schollen aus denselben abscheidet. Wie nahe liegt es also, sich diese Gegenden als Theile des ehemaligen Rothen Meeres vorzustellen, das im Osten tief in die Thäler des Libanon eindrang und sich im Westen mit dem Mittelmeer durch eine natürliche Straße verband, wie das Mittelmeer ähnliche noch heute in den Dardanellen und der Straße von Gibraltar besitzt.

Der Mensch konnte in dieser Wüste nur an wenigen Punkten sein Leben fristen. Leben heißt hier: Wasser, Wassermangel: Tod. Und so schleppte sich nur an brakigen Seen oder in der Nähe von Quellen ein kümmerliches Leben hin, das sich noch am reichsten in Suez, nächstdem vielleicht in el Kantarah entfaltete. Die Ruinen des Alterthums freilich erzählen von einer glücklicheren Vergangenheit, wo auch auf diesem Isthmus Städte blühen konnten, so volkreich und glänzend wie in Aegypten, und wie sie vielleicht in Zukunft auch hier wieder entstehen mögen.

Denn schon seit zehn Jahren hat in dieser Wüste die Idee des Canalbaus eine zahlreiche Bevölkerung zu einem regen arbeitsamen Leben vereinigt. Es galt, die alte Meeresstraße wieder herzustellen durch einen Canal von Meer zu Meer, mit Meereswasser erfüllt, auf dem auch die größten Handelsschiffe, ohne Schleusen zu passiren und ohne abzuladen, von dem Atlantischen Ocean in den Indischen und umgekehrt gelangen könnten. Die Tiefe des Canals wurde deshalb, wie sie für Schiffe von 3000 T. genügt, auf 8 m. (ca. 26′) festgesetzt, die Sohlenbreite auf 22 m. (71′), während die Breite an der Wasserfläche nach den Verhältnissen verschieden sein mußte. (Sie wechselt zwischen 58 m. und 120 m. oder zwischen 188′ und 390′.) An beiden Enden künstliche Häfen, soweit in's Meer hinausgebaut, bis auch dort die Tiefe bei niedrigstem Wasserstande 8 m. beträgt, mit allen Einrichtungen zum Ein= und Ausladen der Schiffe. Und als Basis des Ganzen und aller menschlichen Existenz auf dieser Landenge ein Süß= wassercanal vom Nil her, der zugleich als Verbindung mit Aegypten und dem Sudan diene.

An der Mittelmeerküste, wo schmale, flache sandige Laguneninseln (ähnlich wie Usedom und Wollin) den brakigen Menzalehsee vom Meere abschließen, ist in Port Saïd ein großer Hafen entstanden. Zwei großen Dämme von 2250 m. und 1600 m. Länge reichen in das Meer hinaus und schließen den Außenhafen von 230 Hectaren Fläche ein, welcher den Schiffen eine vollkommen gefahrlose Einfahrt und einen sicheren Schutz gegen die Wogen auch der bewegtesten See gewährt. Das Erstere namentlich ist ein großer Vorzug gegenüber Alexandrien, wo die Einfahrt zum Hafen durch einige in der Nähe befindliche niedrige Klippen bei Nacht oder bei unruhigem Wetter sehr gefährlich, ja fast unmöglich wird. Schon aus diesem Grunde dürfte sich ein großer Theil des ägyptischen Handels von Alexandrien fort und nach Port Saïd hinziehen.

Charakteristisch sind die Molen daselbst. Sie bestehen aus dem Gestein der Wüste und der Laguneninseln, aus Sand, der durch Beimengung von gelöschtem Kalk (Chaux du Theil aus dem Rhonegebiet) zu großen Blöcken von 10 Cubicmeter Rauminhalt und 20 Tonnen (400 Centner) Gewicht verbunden ist. Die Anwendbarkeit der künstlichen Steinblöcke zu Hafenbauten im colossalen Maßstabe war bereits in Algier, Cherbourg und anderen Küstenplätzen erprobt worden von derselben Firma Dussaud Frères, die auch den Bau dieser Molen übernommen hatte. Das Verfahren, künstliche Steine herzustellen, ist auch in Deutschland schon seit langer Zeit bekannt. Man mengt 1 Theil gebrannten Kalk oder Cement mit 6—7 Theile Meeressand (hier 700 Pfund Kalk mit 1 Cubikmeter Sand) und mit der gehörigen Quantität Wasser. Diese Vermengung geschieht mittelst einer Art Reibemühle. Das Gemenge wird portionsweise in eine große Holzkiste von 10 Cubicmeter Inhalt gegossen, um darin allmählich zu erstarren. Solcher Kisten wurden täglich dreißig gefüllt und sie bedeckten einen großen Platz, so daß, um jeden Punkt desselben gut erreichen zu können, Schienengeleise über die Kisten hingelegt waren, auf welchen eine Locomobile, ein Krahn und andere Hülfsmittel fortbewegt werden konnten. Um ein ungleichmäßiges Austrocknen dieser Massen zu verhüten, blieben dieselben, obwohl sie schon nach wenigen Tagen hart waren, 6 Wochen lang von ihrer Kiste umgeben, und nachdem diese alsdann abgenommen war, blieben sie noch ebenso lange frei stehen. In dieser Zeit waren sie dann felsenfest geworden und konnten nun zur Verwendung kommen. Der Krahn hob sie empor und trug sie an das Boot, auf dem sie meist zu 2 oder 3 an den Ort ihrer Bestimmung geführt wurden. Diejenigen, welche am Boden oder unter Wasser liegen sollten, wurden sogleich auf eine schiefe Ebene gelegt. An Ort und Stelle angekommen, entfernte man die Hemmblöcke, die sie bisher gehalten hatten, neigte auch wohl das Boot — und die 400 Centner setzten sich in Bewegung, auf der schrägen Fläche hingleitend über den Bord des Bootes, daß die Spähne von den Balken gerissen wurden und die Flammen aufschlugen, dann mit gewaltigem Schlag in's Wasser stürzend und in die Tiefe sinkend, während das Boot in furchtbarem Schwanken fast in's Meer tauchte und von den emporschlagenden Wellen überspült wurde. So wie sie fielen, so blieben sie liegen, diese mächtigen Blöcke (pierres perdues in der Fachsprache), und nur diejenigen, die über das Wasser emporragen sollten, wurden durch einen auf einem Dampfschiff befindlichen Krahn an die richtige Stelle gehoben. Die Molen gleichen nun einem Sieb, durch welches das andringende Wasser zwar ungehindert hindurch strömen kann, welches aber die Gewalt der heranstürzenden Wogen um so sicherer bricht, da die einzelnen hindurchwirkenden Impulse einander stören und gegenseitig vernichten.

Weniger zuverlässig ist der Schutz gegen die Winde, welche während $^2/_3$ des Jahres überwiegend aus NW. kommen und besonders im November heftig sein sollen. Sie bewirken eine Erhöhung des Meeresniveaus um 0,7 m., während die höchste Fluth hier nur 0,3 m. beträgt. Admiral Tegethoff (W. v. Tegethoff, der Canal über den Isthmus von Suez in der österreichischen Revue, 1866, III. Heft, pag. 88—121) äußert sich über die „Rhede von Port Saïd" (so nennt er den Außenhafen), „sie sei keine gute, weil sie gegen die nördlichen Winde gar keinen Schutz habe". Indessen wird dem gegenüber behauptet, daß die Schiffe, die zu Witterungsbeobachtungen hier auf längere Zeit und namentlich auch im Winter stationirt waren, niemals Gefahr oder Schaden erlitten haben sollen. Bedenklicher ist vielleicht die Strömung des Meeres, die, wie Tegethoff ebenfalls anführt, „an der ägyptischen Küste ostwärts geht und den von den Nilmündungen herangeschwemmten Sand und Thon mit sich führt. Seit der Bau des Dammes begonnen wurde, hat sich an dessen Westseite eine bedeutende Sandablagerung gebildet, und ist gegenwärtig der Quai Eugénie von Port Saïd (die nördliche Häuserfront) durch einen Strand von $1^1/_2$—2 Kabel Breite vom Meere getrennt, während in den ersten Jahren die See beinahe unmittelbar an die Häuser reichte".

Doch liegt hierin wohl noch kein zwingender Grund, eine zukünftige Versandung auch des Hafens zu befürchten, da vielmehr der einmal angeschwemmte Sand zugleich eine Schutzwehr gegen den später kommenden bildet. Der Thonschlamm des Nils nimmt außerdem wenig Antheil daran, fällt vielmehr erst in viel größerer Entfernung vom Ufer auf den Meeresboden nieder. Es dürfte also aus diesen Anschwemmungen erst nach langer Zeit ein Hinderniß entstehen und dies mit geringer Mühe zu beseitigen sein.

Ein Leuchtthurm steht am Eingang in den Binnenhafen, an welchem die großen Werkstätten liegen, durch welche Port-Saïd für den Bau des Canals so vorzüglich wichtig geworden ist. Eine besondere Hafenbucht führt zur Steinfabrik der Herren Dussaud Frères, eine zweite zu den Maschinen-Werkstätten der Firma Borel, Lavalley u. Comp., welche die Austiefung des Canals übernommen hat. Beide Anstalten gehen freilich jetzt dem Ende ihrer Wirksamkeit entgegen und beschäftigen nicht mehr so viele Arbeiter, als zur Zeit ihrer höchsten Thätigkeit. Die meisten der Maschinen, die aus diesen Werkstätten hervorgingen und die wir auch noch auf dem Canal wiederfinden werden, Dampfschiffe, Dampfbagger, Couloirs, Elevateurs u. s. f. waren in Frankreich vorgearbeitet, und wurden hier nur zusammengesetzt, corrigirt und reparirt, weil hier die Arbeit und die Kohlen viel theurer sind, als in Frankreich.

Auch der innere Hafen ist geräumig genug und kann im Falle des Bedürfnisses je nach Belieben in den Menzalehsee hinein ausgedehnt werden, wozu der Plan schon entworfen ist. Die Schiffe können aus- und einladen und können reparirt werden; für dies Alles sind die zweckmäßigsten Einrichtungen getroffen. Etwas schwieriger scheint eine gehörige Ausdehnung der Stadt zu sein, welche aller Wahrscheinlichkeit nach einmal erforderlich werden wird. Denn schwerlich dürfte das gegenwärtige Terrain für mehr als 30,000 Einwohner genügen, von welcher Zahl jetzt freilich nur ein Drittel, in Zukunft aber vielleicht das Dreifache vorhanden sein wird.

Daß es hier an Cafés, Casinos, Hotels nicht fehlt, versteht sich von selbst, ebenso, daß kein Staat es unterlassen haben wird, hier einen Consul zu ernennen, der die Interessen seiner Schutzbefohlenen vertrete. Schon jetzt verkehren französische, österreichische, griechische und ägyptische Schiffe hier in Menge, und wenn der Canal die gehegten Erwartungen erfüllt, so dürfte es nicht zweifelhaft sein, daß einst Port Saïd seine Nebenbuhlerin Alexandrien überflügeln wird.

Man hat viel über die Zweckmäßigkeit der Wahl von Port Saïd gestritten und auf das alte Pelusium, welches etwa 30 Kil. weiter im SO. liegt, als einen günstigeren Punkt zur Anlage des Mittelmeerhafens hingewiesen. Der Canal würde dadurch von el Kantarah aus um ca. 15 Kil. kürzer, der Weg nach Suez von Europa aus aber um etwa ebenso viel länger geworden sein. Entscheidend war der Umstand, daß bei Pelusium erst in einer Entfernung von 7500 m. vom Ufer die gehörige Wassertiefe im Meere erreicht worden wäre und daß man also den kostbaren Molenbau bis auf diese ungeheure Entfernung hätte fortsetzen müssen.

Vielleicht betrachtete man auch den Menzalehsee, durch den der Canal von Port Saïd aus 42 Kil. weit sich hinzieht, als besonders günstig, da er gestattete, so weit er reichte, ohne alle Vorarbeiten die Baggermaschinen aufzustellen. Aber gerade der Menzalehsee hat sehr viele Schwierigkeiten gemacht. Der Grund desselben besteht nämlich vielfach nur aus weichem thonigen Nilschlamm, und wenn dieser als Damm gegen den See aufgeschüttet wurde, so lief er alsbald unter dem eigenen Drucke theilweise wieder auseinander. Man hat deshalb dort mit der äußersten Vorsicht arbeiten müssen, und auch, um die Böschung zu verringern, die Breite des Canals beträchtlich vergrößert. Endlich aber wurde es doch erreicht, daß der Schlamm zu größerer Härte erstarrte, so daß er jetzt alle Lasten ohne Schwierigkeit trägt. Dennoch bleibt natürlich die Besorgniß, ob nicht die Wellen, die von beiden Seiten und namentlich heftig vom Canal aus, wenn Dampfschiffe vorüberfahren, gegen den Damm anschlagen, ihn allmählich wieder abwaschen oder untergraben könnten.

Die Compagnie ist deshalb darauf bedacht, die geeigneten oder nothwendigen Schutzmittel bei Zeiten anzuwenden. So waren schon im August 1868, um die Kraft der Wellen zu brechen, die Ufer mit Kalksteinen bestreut; so wird es, wenn nöthig, auch möglich sein, durch Sandaufschüttungen die Festigkeit der Dämme gegen den Canal hin zu erhöhen und sie durch langsamere Fahrt zu schonen; aber selbst im ungünstigsten Fall ist kein Grund zu der Besorgniß vorhanden, daß hiedurch eine Unterbrechung des Verkehrs herbeigeführt werden könnte.

Ja man könnte fragen, ob denn überhaupt ein Damm gegen den Menzaleh hin nothwendig wäre, da doch durch den Timsahsee das Fahrwasser des Canals ohne Eindämmung geht. Hier muß man aber die Eigenthümlichkeiten beider Seen berücksichtigen. Während der Timsah eng abgeschlossen und von sandigem Boden ist, steht der schon an sich viel größere Menzaleh mit dem Meere und den Mündungsarmen des Nil in Verbindung. Die letzteren führen ungeheure Massen weichen Schlammes in ihn hinein, so daß sein ganzer Boden daraus besteht. In dem südlicheren Theile liegt der Schlamm bei niedrigem Wasserstande trocken und bricht dann durch breite und tiefe Risse quadersteinartig auseinander; wenn aber bei anhaltenden Winden aus N. und NW. das Wasser des Mittelländischen Meeres steigt, so dringt es und oft mit Heftigkeit in den Menzaleh ein und überschwemmt die flachen Ufer desselben auf weite Strecken. Fehlte dann dem Canal der Damm, so würden bei jeder Sturmfluth bedeutende Verschlämmungen unvermeidlich sein. Das Eindringen des Meeres ist am schlimmsten bei Pelusium auf der Ostseite des Canals, während von der Westseite her die Wasser des Sees selbst andrängen und die Schlammmassen am reichlichsten kommen. Es ist indessen klar, daß gegen diese Feinde die Dämme des Canals viel leichter zu schützen sind, als gegen die oft heftigen Wellen auf dem Canal selbst.

Mit dem 42ten Kilometer, von Port Saïd aus gezählt, verläßt der Canal den Menzalehsee, tritt aber 7 Kilometer weiter südlich wieder in den seichten, meist sogar trocknen sogenannten Ballahsee, eine Fortsetzung des

Menzaleh, die deutlich den Weg bezeichnet, den in früheren Zeiten die Meerenge genommen hatte.

Auf dieser schmalen Strecke Landes liegt der Ort el Kantarah, „die Brücke" auf arabisch, denn er bildete früher eine Brücke zwischen jenen beiden Seen hindurch, über welche hin die Karavanen von und nach Syrien den kürzesten Weg fanden. Jetzt freilich ist die Brücke zerschnitten, und der Wille, sie durch eine eigentliche Brücke wiederherzustellen, ist nicht vorhanden. Aber der Handel nimmt noch denselben Weg, und die Kara= vanen werden durch Fähren ans andere Ufer des Canals gebracht. Gewiß wird die Lage des Orts auch künftig vortheilhaft auf seine Entwickelung einwirken und ihn zu einem Markt für die Producte Arabiens und Syriens machen, wofern nicht etwa der Bau einer wirklichen Brücke über den Canal für einen andern Ort, etwa Ismaïliah, entscheidet.

Auf el Kantarah folgt jenseit des Ballahsees die interessante Strecke von el Guisr. Der Reisende, der diese Gegend auf dem Canal passirt, an dessen beiden Ufern sich Sandwände bis zu 70 Fuß Höhe erheben, wird eine Ahnung haben, wie colossale Arbeiten die Ueberwin= dung dieser Bodenerhebung, der bedeutendsten auf dem Isthmus, kostete. Sie steigt bis auf 16,₅m. Höhe über dem Meeresspiegel, glücklicher= weise aber nur auf eine Strecke von 3—4 Kil; doch bedenke man, wie ungeheure Massen von Sand hier fortgeschafft werden mußten, um die einmal festgesetzten und nothwendigen Dimensionen des Canals zu erreichen.

Ueberraschend ist der Anblick, wenn das Dampfschiff wenige Kilo= meter weiter, bei dem Palast des Vicekönigs vorüber fahrend, plötzlich in den Timsahsee umbiegt, und das Auge, das zuvor nur an gelben Sand gewöhnt war, nun auf einmal über den blauen Wasserspiegel eines weiten Sees hingleitet, und drüben auf dem erhöhten Ufer thronend, das freundliche Ismaïliah mit seinen grünen Plätzen und weißen Häusern, mit seinen Alleen und Gärten erblickt.

Kaum kann man sich vorstellen, daß statt dieses freundlich lachenden Landsees einst hier nur Wüste war und rings umher noch ist, daß statt des Dampfschiffs einst Kameelkaravanen diese Wege zogen und daß der Timsahsee damals nur eine seichte Salzlache von geringem Umfange bildete. Erst seit wenigen Jahren ist der alte Timsah= oder Crocodilensee, der längst keine Crocodile mehr enthielt, verschwunden und die große Vertiefung mit dem Wasser des Mittelländischen Meeres erfüllt, aus dem die miteingewanderten Fische munter emporspringen.

Mit Recht bezeichnen die Erbauer des Canals Ismaï= liah als die künftige Hauptstadt des Isthmus und erwarten, daß diese Stadt an Einwohnerzahl einst mit Alexandrien und Kairo riva= lisiren werde. Denn da sich hier mit dem maritimen Canal ein aus dem

Nil abgeleiteter Süßwassercanal verbindet, so ist Ismaïliah der Hafen für Aegypten geworden und damit vielleicht der wichtigste von allen Häfen des Canals.

Der Süßwassercanal als die Basis aller übrigen Arbeiten und aller menschlichen Existenz auf dem Isthmus mußte auch von allem zuerst in Angriff genommen werden. Zwanzigtausend Fellahs (d. i. Bauern oder Leibeigne des Vicekönigs) waren beschäftigt, dem Nil einen Weg zum Rothen Meere zu graben. In der unmittelbaren Nähe von Kairo, wo dem Strom seine Wasser noch nicht durch die Bewässerungscanäle des Delta entzogen sind, ließ man den Canal sich abzweigen, um ihn 25 deutsche Meilen weit bis Suez zu führen. Selbst bei niedrigstem Wasserstande steht der Nil an jener Stelle ca. 11 m. höher als der Spiegel des Rothen Meeres, so daß ein Mangel an süßem Wasser niemals eintreten kann. Aber eine Strömung dorthin mußte bedenklich erscheinen, theils weil man anderen Gegenden das befruchtende Wasser entzogen hätte, theils wegen der Gefahren, die dem Canal selbst aus den großen Schwankungen im Wasserstande des Nil, die bis 9 m. betragen, erwachsen wären. Man war daher genöthigt, die Strömung des Wassers durch eine Reihe von Schleusen zu hemmen oder doch zu reguliren. In seinem ersten Drittel bis Abassieh nach NO. verlaufend, bildet der Canal fast die Grenze des Deltas gegen die überall höher liegende Wüste. Dann nach Osten umbiegend führt ihn das Wadi Tumilath bis Ismaïliah, wo er durch die Schleuse von Nefisch mit dem maritimen Canal verbunden ist. Von hier zieht er mit einigen Windungen in südöstlicher Richtung zwischen dem maritimen Canal und dem Djebel Geneffé hin, durch Zwischencanäle vielfach mit dem ersteren verbunden, und mündet endlich ebenfalls durch eine Schleuse in die Lagune oder den Binnenhafen von Suez. Er folgt auf diesem seinem Wege dem alten Canal der Pharaonen und dem noch älteren Nilarm, der einstens das Wadi Tumilath in die Wüste eingeschnitten haben mochte, als er sich noch bei dem heutigen Timsahsee in die Meerenge zwischen dem Rothen und Mittelländischen Meere ergießen konnte.

Der Süßwassercanal trägt alle die Segnungen, die der Nil für Aegypten mit sich bringt, in die Landenge mit hinüber. Das Wadi Tumilath ist das alte Land Gosen, schon aus dem alten Testament seiner Fruchtbarkeit wegen bekannt, und steht in dieser Beziehung, seitdem die Bewässerung wieder hergestellt ist, dem Delta nicht nach. Es ist zu hoffen, daß zwischen Ismaïliah und Suez längs des Süßwassercanals eine ähnliche Fruchtbarkeit sich entwickeln werde. Für jetzt freilich steht dem noch der Gehalt des Bodens an Salz und Gyps entgegen, da das eindringende süße Wasser sie auflöst und dadurch seine befruchtenden Eigenschaften verliert. Mit Ausdauer ist aber auch hier das Ziel zu erreichen, und schon jetzt sieht man einige Culturen, in denen durch Ueberrieselung der üppigste Pflanzenwuchs erzeugt ist. Wundervoll sind in dieser Beziehung die Gärten in und um Ismaïliah, besonders derjenige bei dem großen Pumpwerk. Doch finden sich Anfänge auch an anderen Punkten des Canalufers.

Das Wasser ist übrigens selbst in dieser Entfernung vom Strome zur Zeit der Nilschwelle noch trübe, und keineswegs für europäische Gaumen verlockend; vielmehr muß es, um sich abzuklären und zum Trinken tauglich zu werden, erst einige Tage in Gräben oder Bassins ruhig stehen. Solche Gräben sind daher überall hin abgeleitet, wo eine größere Anzahl von Arbeitern beschäftigt war. Ja, von Ismaïliah aus gehen zwei Wasserleitungsröhren bis Port Saïd und versorgen die Ortschaften längs der ganzen nördlichen Hälfte des Canals mit Trinkwasser. Ohne diese würde Port Saïd, obwohl es rings von Wasser umgeben ist, in große Noth gerathen, denn der Menzaleh ist durchaus ungenießbar. Einstweilen reichen die beiden Röhren aus, auch noch eine große Anzahl Cisternen zu füllen, die in gewissen Distanzen längs des ganzen Wegs nach Port Saïd angebracht sind; und genügen sie bei wachsender Einwohnerzahl nicht mehr, so ist es nicht schwer, die Zahl der Röhren entsprechend zu vergrößern. Die Füllung derselben geschieht durch eine Dampfmaschine in Ismaïliah, die nebenher auch den soeben erwähnten schönen Garten bewässert.

Für Ismaïliah ist aber der Süßwassercanal noch von ganz besonderer Wichtigkeit, wegen des durch ihn stattfindenden **Handelsverkehrs mit Aegypten**. Alles spricht dafür, daß dieser Handelsverkehr auf Kosten Alexandriens sehr bedeutende Dimensionen annehmen werde. Ismaïliah ist beträchtlich näher an Kairo und also an Oberägypten als Alexandrien und mit dem Delta in ebenso günstiger Canal- und Eisenbahnverbindung. Entstehen aber, wie zu erwarten, am Suezcanal Handelsstädte, so wird in ihnen ein lebhafter Austausch europäischer und indischer Waaren gegen orientalische stattfinden, und der Markt für die letzteren in ihnen wahrscheinlich weit günstiger sein, als in Alexandrien. Die Nahrungsmittel, besonders Getreide, wird man aus Aegypten beziehen, und von besonderer Wichtigkeit ist die jetzt viel und mit gutem Erfolg im Nilthal angebaute Baumwolle, die sich vorzüglich zur Rückfracht eignet für die Schiffe, welche die Einfuhr europäischer Steinkohlen nach dem Canal hin vermitteln.

Bisher ist der Verkehr auf dem Süßwassercanal noch in seinen Anfängen, obwohl nicht unbedeutend. In Böten, die meistens vom Lande aus durch Maulthiere, Kameele oder Menschen gezogen werden, kommen aus dem Delta Nahrungsmittel für die Canalarbeiter oder für den Markt von Suez. Auch die Maschinen, die man in dem südlicheren Theil des Canals brauchte, wurden auf demselben Wege herangebracht. Eine regelmäßige Postverbindung zu Wasser geht zwischen Port Saïd und Suez, bis Ismaïliah auf dem maritimen Canal in Dampfern, von dort aber auf dem Süßwassercanal in Barken oder sogenannten Dahabiehn.

Ja, sogar ein ziemlich lebhafter Waarentransit findet schon jetzt auf demselben Wege statt. Den Hauptartikel dieses Transports machen Steinkohlen aus, für die besondere Böte gebaut sind; doch sind auch andere Waaren dabei, und sogar ganze Schiffe, natürlich von geringerer Größe. Solcher Böte wird ein ganzer Zug mit etwa 800 Tonnen Gesammtbelastung hinter ein kleines Schraubendampfboot gehängt, welches sie den Hauptcanal entlang bis zur Schleuse von Ismaïliah bugsirt. Hier in den Süßwassercanal eingelassen, findet der Train mit einer Geschwindigkeit von 4—6 Kilometer pr. Stunde Weiterbeförderung durch einen Dampfer anderer Construction, dessen Maschine ein seitlich angebrachtes Zahnrad bewegt, welches seinerseits in eine Kette eingreift, die auf dem Grunde des Canals liegt und mit Leichtigkeit jeden Augenblick auf das Zahnrad gehoben werden kann. Diese sogenannte Kettenschleppschifffahrt ist auch in Deutschland hier und da angewandt, besonders wo es sich um Ueberwindung von Stromschnellen handelt. Das Dampfschiff ist hierbei von der Bewegung des Wassers unabhängig und läuft nur an der Kette hin, wobei zugleich die vorhandene Dampfkraft in viel höherem Grade ausgenutzt wird. Im Süßwassercanal wendet man diese Art der Schifffahrt an, weil hinter einem solchen Dampfer nicht jene großen Wellen auftreten, die bei Schrauben- oder Raddampfern entstehen und die bei der geringen Breite des Canals die Ufer stark beschädigen würden, da die Consistenz des Bodens eine ziemlich lockere ist.

Die Thatsache, daß der Transit, selbst in dieser mangelhaften Form, bedeutende Verhältnisse angenommen hat, ist ein günstiges Zeichen für die Zukunft. Den Dampfern auf der Rhede von Suez werden die Steinkohlen so am billigsten geliefert. Während früher der Preis der Kohlen daselbst pr. To. oder 20 Centner = ca. 100 Frs. gewesen sein soll, ist er jetzt doch wenigstens schon auf 70 Frs. gesunken. Indem die Compagnie das Bugsiren für Kohlen pr. To. mit 20 Frs., für andere Waaren mit 25 Frs. berechnet, hat sie (nach einer Angabe im Journal „l'Illustration" 1868, März), in einem Jahre etwa 1 Mill. Frs. Einnahme davon gehabt.

Wird auch dieser Transport mit der Eröffnung des Hauptcanals jedenfalls sein Ende finden, so wird doch unzweifelhaft der Verkehr mit Aegypten ihn mehr als ersetzen. Ja, dieser dürfte bald mächtig anwachsen und alsdann sich die Nothwendigkeit herausstellen, den Süßwassercanal beträchtlich zu erweitern. Während im Alterthum seine Breite 100 Ellen betragen haben soll, ist sie heute nur 15 m.; offenbar auf die Dauer nicht ausreichend für eine so wichtige Wasserstraße. Eher noch würde die Tiefe genügen, die je nach dem Wasserstande des Nil, 1,5m. bis 2,5m. betragen soll.

Das Wadi Tumilath ist die natürliche Verbindungsstraße des Suezcanals mit Aegypten; jetzt auch die einzige, denn die Eisenbahn, die früher von Kairo direct durch die Wüste nach Suez ging und auf welcher bisher die Ueberlandreise nach Indien geschah, ist wieder aufgehoben worden. Die Schwierigkeiten, der Maschine das nöthige Wasser zu geben, waren auf dieser Strecke so außerordentlich groß, daß die Linie völlig aufgegeben werden mußte, sobald diejenige über Zagazig und Ismaïliah nach Suez eröffnet wurde. Bei letzterer, welche sich in Benha-el-Asl an die Bahn von Alexandrien nach Kairo schließt, fallen diese Schwierigkeiten wegen der Nähe des Süßwassercanals selbstverständlich ganz fort. Von Kairo aus wird der Weg nach Suez dadurch entschieden länger, von Alexandrien aber behält er seine bisherige Länge, und bezüglich der Ueberlandreise ist jetzt nur noch die Frage, ob man die Eisenbahnlinie Alexandrien-Ismaïliah-Suez, oder den Canal vorzieht.

Ob der Bau einer Eisenbahn von Ismaïliah nach Port-Saïd wohl bald oder überhaupt in Aussicht steht, wage ich nicht zu entscheiden. Jedenfalls hätte sie, um Port-Saïd zu erreichen, ziemlich bedeutende Terrainschwierigkeiten zu überwinden, wenn nicht etwa durch allmähliche Erhärtung die Dämme des Canals die zum Tragen einer Eisenbahn erforderliche Festigkeit erlangen.

Endlich hat der Süßwassercanal auch seine politische Bedeutung. Durch ihn ist der Beherrscher des Nilthals auch der Herr des Isthmus, dessen Bewohnern er mit Leichtigkeit das wichtigste Subsistenzmittel abschneiden kann. Durch ihn wird der ganze Canal, auch der maritime, ein ägyptischer, und in richtiger Erkenntniß dieses Verhältnisses hat das ägyptische Gouvernement sich auch den Besitz des ganzen Süßwassercanals und des ehemals an die Compagnie abgetretenen Landes längs seiner Ufer wieder zurück erkauft. Nach diesem Zeichen, wie die ägyptische Regierung die Verbindung des Nillandes mit dem Isthmus zu schätzen weiß, darf man wohl vermuthen, daß sie den Handel nach dieser Richtung hin eher begünstigen, als etwa zu Gunsten Alexandriens erschweren wird.

Man warte deshalb bei der Benutzung des Canals nicht darauf, daß die europäischen Mächte ihn einmal von Aegypten losreißen sollen; der Nil, der Süßwassercanal halten ihn für immer daran fest. Wer den Canal erobern will, der muß auch Aegypten dazu erobern, und diese Abhängigkeit wird dauern bis man lernt, im großartigsten Maßstabe aus dem Meere trinkbares Wasser abzuscheiden. Und aller Wahrscheinlichkeit nach liegt in ihr die sicherste Garantie für das Bestehen des Canals, wenigstens so lange Aegypten den europäischen Nationen gegenüber ohne eigene Macht ist, und seinen Vortheil nur darin finden kann, ihnen unterschiedslos die Benutzung des Canals zu gestatten und nach Kräften angenehm zu machen.

Nach Suez gehen von Ismaïliah aus drei Verkehrsstraßen neben einander her. Die Eisenbahn längs dem Fuße des Djebel Geneffé, östlich davon der Süßwassercanal und noch weiter östlich der maritime Canal. Dieser arbeitet sich zuerst bei Toussoum und dem Serapeum durch eine Reihe von Höhen, welche Aufschüttungen nothwendig gemacht haben, ähnlich wie bei el Guisr, doch nicht ganz so beträchtlich. Das Serapeum ist der Name für eine Strecke des Canals von 8 Kilom. Länge, in deren Nähe die Wüste ein Denkmal des Alterthums, aus Granit und Gneiß, enthält. Diese Strecke ist nach den bisher gesammelten Erfahrungen die einzige des ganzen Canals, an welcher eine Versandung desselben stattfindet. An fast allen übrigen Punkten hat man sogar noch den alten Canal, wenn auch verfallen und verschlämmt, so doch nicht versandet gefunden. Man muß, wie die Compagnie gethan hat, zwei Arten von Flugsand unterscheiden. Die eine, aus den kleinsten Körnchen bestehend, hebt sich als Staub hoch in die Luft und senkt sich weit und breit langsam und gleichmäßig auf Alles nieder. Nicht diese ist zu fürchten, sondern nur die andere Art von gröberem Korne, welche vom Winde nur wenige Zoll oder höchstens einige Fuß emporgehoben, bald darauf wieder zu Boden fällt und so in dichten Massen wandernd durch die Wüste fortrückt. Die Menge dieses wandernden Sandes, die sich in ein Gewässer schüttet, ist aber nur abhängig von der Länge der Uferstrecke, nicht von der Breite des Gewässers; sie wird zurückgehalten durch Hecken, Schutzwände und Gräben, besonders wenn diese mit Wasser angefüllt sind. Dergleichen Schutzmittel anzubringen, hat man nicht versäumt und zugleich den Betrag der gegenwärtig stattfindenden Versandung beobachtet. Auf den laufenden Meter Ufers beträgt sie, wie man mir versicherte, monatlich 2 Cubicmeter, auf jene 8 Kilometer also 16,000 Cubicm. pr. Monat; eine Masse, welche fortzuschaffen nur die 8 tägige Arbeit einer jener großen Baggermaschinen erfordert, deren tägliche Förderung 2000 Cubicm. beträgt.

Diese Berechnung zeigt aufs Deutlichste, wie den technischen Hülfsmitteln unserer Zeit gegenüber die Schwierigkeiten der Erhaltung des Canals nur gering sind. Ja, es dürfte sich in der Folge herausstellen, daß die Versandungsgefahr hier inmitten der Wüste geringer ist, als in vielen unserer Ströme, die oft mit Gewalt den Sand ihres Bettes aufwühlen, mit sich fortführen und bald hier, bald da in Massen wieder absetzen; ein Spiel, welches an den Mündungen durch den Wechsel von Ebbe und Fluth noch bedeutend heftiger und nachtheiliger wird. Möchten aber selbst noch an anderen Punkten des Canals ähnliche Schwierigkeiten auftreten, wie am Serapeum, so ist es unzweifelhaft, daß auch diese durch Reparatur zu beseitigen sein werden. Die Technik, die in 10 Jahren dies Werk zu vollenden vermochte, ist auch im Stande, es zu erhalten. Hierüber scheinen Alle, die den Canal mit eigenen Augen gesehen haben, gleicher Meinung zu sein. So erklärt G. Rohlfs (Unsere Zeit. IV. 1868. S. 273): „Abgesehen von den technischen Fragen, welche bei dem Durchgange der Schiffe ins Spiel kommen, welche aber alle bei dem heutigen Stande unseres Geniewesens zu lösen sind, wären sie auch noch so schwierig u. s. w."

Die fernere Reise nach Süden führt die Schiffe in die weiten Wasserspiegel der Bitterseen, die auf 40 Kilom. Länge von dem Canal durchschnitten werden, und bei 10 Kilom. Breite im Ganzen eine Fläche von drei deutschen Quadratmeilen haben. Noch im August 1868 sah der Verfasser, auf dem Süßwassercanal vorüberreisend, an derselben Stelle nur eine weite Einsenkung, dicht bedeckt von einer weißen, im Sonnenschein wie Schnee schimmernden Salzkruste, in deren Mitte sich einige Lachen bitteren (Chlormagnesium enthaltenden) Wassers befunden haben sollen. Die Einsenkung war im nördlichen Theil durchschnittlich 8 m. tief unter dem Meeresspiegel, an einzelnen Punkten sogar 12 m. während weiter südlich das Becken des sogenannten kleinen Bittersees flacher war. Jedenfalls müssen diese Vertiefungen von Meereswasser erfüllt gewesen sein, durch dessen Verdampfung dann die Salzkrusten am Boden entstanden sind. Ja, wie es scheint, sind sie im Alterthum vom Rothen Meere aus mit Wasser angefüllt worden. In diesem Fall hätte also das Jahrtausend der Verwahrlosung genügt, um diese großen Wasserbecken, ebenso wie den Timsahsee, bis auf den Grund auszutrocknen. Wahrscheinlich aber hatte auch früher schon eine Abtrennung dieses Gebiets vom Meere und demzufolge Austrocknung stattgefunden, wie wir sie weiter östlich im Todten Meere noch jetzt vor sich gehen sehen. Die Aehnlichkeit der Verhältnisse bei beiden Vertiefungen ist augenfällig, nur daß der Spiegel des Todten Meeres 1337', der Boden der Bitterseen 38' unter unter dem Meeresniveau liegt.

Zur Ausfüllung der Bitterseen sollen 1,500,000,000 Cubicmeter Wasser gehören, für deren Einströmung 10 Monate Zeit angesetzt sind. Daß eine Gefahr für die Ufer des Canals hierbei nicht vorhanden ist, hat die Anfüllung des Timsahsees bewiesen, wenn derselbe auch nur höchstens $1/20$ des Rauminhalts der Bitterseen hat. Das Wasser wird in beiden Seen, wegen der dort schon aufgespeicherten Salzmassen, einen höheren Salzgehalt haben müssen als das Meerwasser; und es ist fraglich, ob diese Differenz später einen Ausgleich oder eine weitere Vermehrung finden wird.

Wegen der, nachgewiesener Maßen, auf dem Isthmus herrschenden starken Verdampfung wird ein stetiges, wenn auch unmerkbares Zuströmen des Meerwassers von beiden Seiten her stattfinden müssen und der Unterschied des specifischen Gewichts würde einen Ausgleich nur an den Mündungen herbeiführen. Endlich ist es zweifelhaft, ob die kleine Niveaudifferenz beider Meere eine Strömung des Canalwassers nach N., oder ob umgekehrt die entschieden vorherrschenden Nordwinde eine Strömung nach S. bewirken werden. Aber selbst wenn in diesem Wettstreit die beiden Strömungen sich gegenseitig völlig unwirksam machen sollten, so würde doch die Steigerung des Salzgehaltes nur eine sehr langsame und eher vortheilhafte als schädliche sein, da einfach nur der Tiefgang der Schiffe dadurch etwas vermindert würde.

Das Bassin der Bitterseen gewährte für die Durchleitung des Canals die größten Vortheile. Nicht nur, daß auf einer Strecke von 40 Kil. die Austiefungsarbeiten sehr vermindert und streckenweise sogar ganz erspart wurden, nicht nur, daß die weite Wasserfläche durch die aufsteigenden Dünste vielleicht einen reichlicheren Thaufall und dadurch allmählich eine kräftigere Vegetation hervorbringen könnte —: die Bitterseen schwächen namentlich auch die Strömungen ab, welche durch die Ebbe und Fluth und durch die sonstigen Schwankungen im Wasserstande des Rothen Meeres entstehen müssen. Mag die Fluthwelle auch mit Heftigkeit in den Canal eindringen, sie wird jenseits der Bitterseen nicht mehr wahrnehmbar sein. Mag der Wasserstand des Meeres bei Suez in Folge anhaltender und starker Nordwinde auch tief sinken, so wird doch im Bassin der Bitterseen das Niveau sich nur wenig verändern. Die Bitterseen spielen also den Schwankungen des Rothen Meeres gegenüber eine ähnliche Rolle, wie die Alpenseen gegenüber den Gebirgsflüssen. So läßt sich berechnen, daß die schnellste Bewegung des Wassers im Canale südlich von den Bitterseen $1{,}16$ m. pr. 1 Sec. betragen wird, nördlich davon nur $0{,}35$ m.; und dies ist darum von Wichtigkeit, weil südlich Kalkstein, harter Thon und hartes Conglomerat die Ufer bilden, nördlich dagegen Sand und weiche zum Theil schlammige Thonmassen.

Aus Kalkstein und strengem gypshaltigen Thon bestehen die Ufer des Canals in der Strecke von Chalouf, einem Plateau von 9 m. Meereshöhe, welches sich 11 Kilom. lang wie ein Damm zwischen den Bitterseen und dem Rothen Meer erhebt. Obenauf ist es bedeckt mit Sand, und hier gerade findet man reichlich die noch mit ihren Farben erhaltenen Schaalen von Muscheln und Schneckenarten, die noch heute im Rothen Meere leben. Diese Gegend ist also sicherlich aus einer tieferen Lage emporgestiegen und zerschnitt dadurch die Verbindung, die früher zwischen den Gewässern des Rothen Meeres und den Bitterseen stattfand. Während die letzteren, nun isolirt, bis auf den Grund austrockneten, löste der sparsam fallende Regen den aus dem Meerwasser zurückgebliebenen Gyps aus den oberen Schichten des Plateaus auf und führte ihn den unteren zu, wo er sich zwischen dem Thone, in crystallinischen Platten abgesetzt, vorfindet. Auch in den unteren Schichten hat man sehr zahlreiche Reste ausgestorbener Thierformen, jüngeren geologischen Alters, und namentlich das vollständige Skelett eines Dinotheriums gefunden.

Das Gestein ist hier so fest, daß es von den Baggermaschinen nicht angegriffen wurde, und die Arbeiten deswegen bis zuletzt durch **Menschenhand** geschehen mußten. Sie sind dadurch kostbarer und zeitraubender geworden als an irgend einem andern Punkte des Canals, als selbst bei Toussoum und el Guisr. Hier sah man noch im August 1868 Tausende von Arbeitern aller Farben beschäftigt, den Boden felderweise abzulösen und den losgebrochenen Thon auf Karren zu laden, die von starkknochigen normännischen Pferden an eine Schienenbahn herangefahren wurden. Dort befestigte man an den Karren ein Drahtseil, und eine Dampfmaschine zog ihn den hohen Uferrand empor. Oben durch einen kurzen Schlag geöffnet und ausgeschüttet, trat er sogleich — während ein anderer Karren die Bahn emporstieg — die Rückreise wieder an. So thürmte sich der östliche Uferrand höher und höher empor, von der Canalsohle an gerechnet wohl auf 20 m. Höhe — der östliche, denn er hat zugleich die Bestimmung, den von O. kommenden Sandwehen als Damm sich entgegen zu stellen.

Von Chalouf bis Suez und bis in's Rothe Meer hinein passirt der Canal 10 Kilometer weit die sogenannte **Lagune von Suez**, ein äußerst flaches Wasserbecken, dessen Boden aus Meeresschlamm besteht. Doch gleicht dieser keineswegs dem Nilschlamm, welcher im Menzalehsee so große Schwierigkeiten verursachte; vielmehr besteht er größtentheils aus einem Muschelconglomerat, das sich leicht cementirt und sogar zum Molenbau verwandt worden ist. Daher war hier die Arbeit leicht, und die aufgeschütteten Dämme leiden nicht durch die Strömungen, welche **der wechselnde Wasserstand des Rothen Meeres** veranlaßt.

Die Schwankungen des letzteren sind indessen ziemlich beträchtlich. Ebbe und Fluth bringen zur Zeit des Maximums eine Oscillation $1{,}5$ m. bis zu 2 m. hervor, und dazu kommt noch das Steigen und Fallen des Meerbusens von Suez, je nach dem Vorherrschen der Nord- oder der Südwinde, welches bis $1{,}25$ m. betragen kann, sodaß nach den Ermittelungen der Compagnie die Gesammtgröße der Niveauschwankungen im Rothen Meere sich auf $3{,}26$ m. oder etwa 10 Fuß stellen würde. Nach G. Schweinfurt giebt es ein Sprichwort: „Wenn der Nil fällt, steigt das Meer", und dies bestätigt sich sichtbar. Vom März bis December ist der Wind aus NNW. in Suez der herrschende und treibt das Wasser in der Richtung des rothen Meeres vor sich her, so daß die

Corallenbänke an den Küsten fast von Waſſer entblößt werden. Vom December aber bis zum März ſteigt es wieder, meiſt mit SSO., und in dieſer Jahreszeit kommen auch Winde von WSW. von der Nubiſchen Wüſte herüber, die heftigſten von allen, aber dennoch den Schiffen auf der Rhede von Suez nicht gefährlich, da ſie durch das vorliegende Attakagebirge abgeſchwächt werden und keinesfalls im Stande ſind, ſtarken Wellenſchlag hervorzubringen.

Suez hat bisher einen H a f e n nur für flachgehende Schiffe, der in der Lagune und unmittelbar an der Stadt ſelbſt liegt; die großen Seeſchiffe dagegen und die mächtigen Dampfer der franzöſiſchen, engliſchen und türkiſchen Linien liegen weit draußen auf der R h e d e vor Anker. Kleinere Dampfſchiffe vermitteln das Ein- und Ausſchiffen der Paſſagiere und Güter, ſowie den Verkehr der Seeleute mit dem Lande. Die Schiffe liegen dort ſicher genug, denn der Meeresboden gewährt einen Ankergrund von genügender Feſtigkeit. Trotzdem konnte die Rhede für einen Weltverkehr erſten Ranges, wie man ihn hier erwarten mußte, nicht genügen, und die Compagnie war daher genöthigt, e i n e n v o l l ſ t ä n d i g n e u e n H a f e n zu bauen.

Um die vorſchriftsmäßige Tiefe von 8 m., vom niedrigſten Waſſerſtande aus gemeſſen, zu erreichen, wurden zwei Molen bis etwa 2000 m. weit ins Meer hinaus geführt. Auf einer Landzunge, die, bisher bei Fluthzeit vom Meere überſpült, ſich bis in die Nähe der Canalmündung vorſtreckte, wurde ein Eiſenbahndamm aufgeführt, der jetzt mit einer ihm gegenüber aufgeführten Mole den Eingang zur Lagune einſchließt.

An der Spitze dieſer Landzunge wurde durch Aufſchüttung des Baggerproductes der Boden erhöht, und an ihren beiden Seiten ſind zwei Häfen mit Docks und Magazinen und mit allen Vorrichtungen zum Befrachten, Löſchen und Repariren der Schiffe entſtanden; ein innerer für die den Canal paſſirenden Schiffe, und ein äußerer im Beſitz der ägyptiſchen Regierung. Dieſer ſoll wohl vorzüglich die ziemlich zahlreichen ägyptiſchen Kriegsſchiffe aufnehmen, die bisher auf der Rhede lagen, und welche die Aufgabe haben, einerſeits den Verkehr im Rothen Meere zu vermitteln, anderſeits über die Küſten deſſelben allmählich Aegyptens Herrſchaft weiter und weiter auszudehnen. Auch größere Handelsſchiffe, die nicht die Abſicht haben, den Canal zu paſſiren, dürften hier Aufnahme finden, während die kleineren wohl nach wie vor ihren Weg durch die Lagune in den alten Hafen nehmen werden. In dieſem werden auch die durch den Süßwaſſercanal kommenden Fahrzeuge Platz finden.

Um die Schiffe gegen die Niveau-Schwankungen des Meeres ſicher zu ſtellen, ſind die Docks, wie in allen der Ebbe und Fluth ausgeſetzten Häfen durch Schleuſen abgeſperrt.

Auf der Landzunge selbst ist übrigens kein Raum mehr zur Anlage einer neuen Stadt, vielmehr ist man ausschließlich auf die Erweiterung von Suez selbst angewiesen.

Suez geht, wie Port Saïd und Ismaïliah, einem bedeutenden Aufschwung entgegen. Früher ein Hafen ohne Handel, kaum wie Kosseir und Suakin — eine Stadt ohne Wasser da der Mosesbrunnen, die nächste süße Quelle, 3 deutsche Meilen entfernt ist — fristete es seinen vielleicht 1500 Einwohnern kaum eine kümmerliche Existenz, und keiner von diesen mochte die große Zukunft ahnen, die seiner elenden Heimath, an der Grenze zwischen Meer und Wüste, bevorstand. Die Ueberlandpost nach Indien machte den Anfang. Die Rhede belebte sich mit Dampfschiffen, ein musterhaftes Gasthaus entstand, die Reiseroute von England nach Ostindien nahm von Jahr zu Jahr entschiedener ihren Weg über Suez. Eine Eisenbahn wurde von Kairo aus quer durch die Wüste hergeführt und damit der Schienenstrang von Alexandrien bis zum Rothen Meer vollendet. So wurde der Isthmus-Hafen am Rothen Meer wichtiger und wichtiger und blühte zu einer Stadt von 15,000 Einwohnern empor, die zum Theil in europäischem Charakter gebaut ist. War aber bis hierher ihre Lage bedeutend nur für den Postverkehr mit dem Indischen Ocean, so wird sie es künftig nach Eröffnung des maritimen Canals in nicht geringerem Grade für den Handelsverkehr mit demselben werden.

Schon seit Anfang des Jahres 1864 ist im Süßwassercanal der Nil nach Suez geführt und damit die Möglichkeit gesichert, nicht nur eine unbegrenzte Einwohnerzahl zu ernähren, sondern auch in der Wüste rings umher Fruchtbarkeit und Leben zu verbreiten. Seit dieser Zeit kann sich die Stadt frei entwickeln, wie es der wachsende Verkehr auf dem Canal erfordern mag. Die in ihrem Hafen circulirenden Reichthümer werden sie zu einem günstigen Marktplatz für die Waaren der benachbarten Küsten, zur herrschenden Hauptstadt des Rothen Meeres machen. Hoffen wir, daß durch ihren Verkehr auch die bisher so abgeschlossenen Länder, die hinter diesen Küsten liegen, mit ihren in mancher Hinsicht so begabten Völkerschaften, dem europäischen Handel und Einfluß in höherem Maße erschlossen werden.

So steht der Suezcanal da, in der Mitte der alten Welt, verbunden mit Europa durch das Mittelmeer, mit Asien durch das Rothe Meer und mit Afrikas entferntestem Innern durch den Süßwassercanal und den Nil: und wie kein anderer Punkt der Erde scheint er geeignet, einst den Knotenpunkt eines Weltverkehrs im großartigsten Maßstabe zu bilden.

III. Der Bau des Canals.

Daß so großartige Werke nur durch das Zusammenwirken ungeheurer Menschenkräfte mit bedeutenden Geldmitteln hergestellt werden konnten, liegt in der Natur der Dinge.

Zur Ausführung aller erforderlichen Arbeiten hielt man die Summe von 200 Mill. Frs. für ausreichend, und Herr v. Lesseps brachte dieselben in 400,000 Actien à 500 Frs. unter. Mehr als die Hälfte kam auf Frankreich, den vierten Theil trug der Vicekönig von Aegypten allein und der Rest vertheilte sich besonders auf Oesterreich und Rußland, während der Zollverein und England fast völlig theilnahmlos blieben.

So zeigte schon der erste Schritt zur Vollendung des Unternehmens jene Parteistellung der europäischen Staaten, die sich rücksichtlich des Canals bis auf die Gegenwart erhalten hat und die in der geographischen Lage ihre Begründung findet.

Während die Mittelmeerhäfen mit Sicherheit großen Vortheil von dem neuen Seeweg erwarten, ja nun erst dem Eintritt in den Welthandel entgegensehen durften, mußten sich die atlantischen Küsten Europas mindestens auf eine relative Benachtheiligung jenen gegenüber, wenn nicht gar auf eine absolute Verminderung ihres asiatischen Handels gefaßt machen. So nahe indessen diese Befürchtung liegt, so ist sie doch wohl eine übertriebene, denn sicherlich gestatten Ostasiens und Europas Producte einen noch weit intensiveren Austausch als bisher, und so braucht der Vortheil der einen Seite Europas nicht auf Kosten der anderen Seite errungen zu werden.

Das größte Interesse an dem Gedeihen des Unternehmens hatte und bewies Aegypten. Außer bedeutenden Actienzeichnungen verpflichtete sich der Vicekönig Saïd Pascha, der von jeher mit regstem Eifer das Werk unterstützte, auch zur Stellung von Arbeitern. Jeden Monat sollten 20,000 Fellahs oder Leibeigene andere 20,000 ablösen, ihre Arbeit ihnen aber von der Compagnie bezahlt werden. Diese ungeheuren Schaaren begannen ihre Thätigkeit an verschiedenen Punkten zugleich. Sie führten das Wasser des Mittelmeeres in den Timsahsee, indem sie zunächst einen schmalen Wasserweg durch die Strecke von El Guisr schnitten. Der Eintritt des Meerwassers in das vertiefte Seebecken wurde am 18. Nov. 1862 feierlich begangen. Sie vollendeten am Ende des Jahres 1863 den Süßwassercanal und arbeiteten in den dichtesten Schaaren an der mühevollen Strecke von Chalouf. Von ihrem Leben und Treiben an diesem Punkte macht Georg Schweinfurth, der im Anfang des Jahres 1864 den Canal besuchte, folgende Schilderung (Globus VI. 1864 S. 34):

„Ein schwer zu schilderndes Bild liefert dieses bunte, laute Getriebe mit dem Wüstenelemente ringender Tausende. Ueberschaut man dasselbe von den höchsten Punkten des aufgeworfenen Dammes, so läßt sich der Anblick nur mit einem ausgebreiteten Ameisenhaufen vergleichen. Wir gewahren, wenn wir die Menschen einzeln betrachten, alle Schattirungen der Haut und, man möchte fast sagen, auch jedes Alter unter ihnen vertreten. Die Strenge der Aufseher duldet zwar keinen Schlendrian, ich sah aber nirgends von der sogenannten Gottheit Aegyptens, dem Kurbatsch, Gebrauch machen; fröhlich und singend, schreiend, einander zurufend, oder scheltend, sieht man fie sich in dichten Schaaren zu beiden Seiten der Ausgrabungen die Dämme hinaufwälzen. Das Loos dieser Leute ist kein so schlimmes, als man glauben möchte, und das Unfreiwillige ihrer Arbeit wird am Ende mit den für ihre Bedürfnisse recht ansehnlichen Ersparnissen an baarem Gelde reichlich vergütet."

Dennoch zeigte es sich deutlich, daß die Leistungen der Fellahs den gehegten Erwartungen nicht entsprachen und daß überhaupt ohne Anwendung von Maschinenarbeit der Canalbau nicht auszuführen sei, wenigstens sehr lange dauern und außerordentlich kostspielig werden müsse. Die Heranschaffung der Nahrungsmittel und der sonstigen Lebensbedürfnisse waren — auch nach Herstellung des Süßwassercanals noch außerordentlich mühsam und kostbar. Der Fleiß der Fellahs war, wie er bei Sklaven ist; und zu alledem wurde von Seiten Lord Palmerston's — im Interesse der Menschlichkeit — auf Abschaffung dieser Sklavenarbeit gedrungen.

Die Compagnie protestirte zwar gegen die Hindeutung, daß die Canalarbeit auf Kosten des Lebens der Arbeiter geschehe, und wies durch Zahlen nach, daß ihre Fürsorge für die Gesundheit derselben durchaus keinem Tadel unterliege. Die Sterblichkeit in einem Jahre betrug:

für Europäer . . . . . . 1,46 pCt.
für seßhafte Araber . . 1,52 „
für Fellahs . . . . 0,48 „

während dieselbe

in den ägyptischen Dörfern . . . 3 pCt.
in Frankreich . . . . 2,27 „
in der französischen Armee . . . 1,94 „

beträgt. An Aerzten und Krankenhäusern war niemals ein Mangel und die Pflege in denselben natürlich eine ungleich zweckmäßigere, als sie den Arabern oder Fellahs von ihren eignen Aerzten zu Theil geworden wäre.

Doch ging die Compagnie gern auf die Abschaffung der Zwangsarbeit ein, zumal ihr selbstverständlich dafür eine Entschädigung gegeben werden mußte. Von hier datiren die Einnahmen der Compagnie, besonders da zugleich die Abtretung des Süßwassercanals und einiger Strecken Uferlandes an Aegypten erfolgte. Die Berechnung wurde durch das schiedsrichterliche Urtheil des Kaisers Napoleon folgendermaßen festgestellt (A. Guillemin, l'Egypte actuelle, son agriculture et le percement de l'Isthme de Suez. Paris 1867):

für Abstellung der Contingente eingeborner Arbeiter	38,000,000 Fr.
für Abtretung der Strecke des Süßwassercanals, zwischen dem Wadi, Timsahsee und Suez, an die ägyptische Regierung	6,000,000 „
für die Abtretung von 60,000 Hectaren Landes von den 63,000, welche der Compagnie bewilligt worden waren (die Compagnie selbst behält 3000 zur Ausführung des Seecanals)	30,000,000 „
für die am Süßwassercanal bereits ausgeführten und noch auszuführenden Arbeiten	10,000,000 „
in Summa	84,000,000 Fr.

in jährlichen Raten vom 1. Nov. 1864 bis 1. Nov. 1879 zu zahlen.

Vielleicht war diese Berechnung die Veranlassung, daß die Actien der Compagnie, welche im Jahre 1863 zu Paris mit 40 Fr. verkauft wurden, 1 Jahr später bereits auf 100 Fr. gestiegen waren (Guillemin). Außerdem kamen durch den Verkauf der Domäne Tell el Kebir im Wadi Tumilath an den Vicekönig noch 10,000,000 Fr. hinzu.

Von jetzt ab wandte man zur Hebung des Canalbodens statt der Menschenhände soviel als möglich Maschinenkräfte an. Nur in Chalouf war dies wegen der Härte des Gesteins auch später unmöglich und wurden hier nur die zwangsweise beschäftigten Arbeiter durch freie ersetzt. An allen übrigen Punkten stellte man Baggermaschinen auf, sobald nur das Erdreich bis zu einer solchen Tiefe abgeräumt war, daß von irgendwoher Wasser einströmen konnte. An manchen Punkten (Toussoum, Serapeum) benutzte man dazu das süße Wasser des Nilcanals, weil dieses sich durch Schleusen aufstauen ließ und so schon hoch über dem Meeresspiegel die Aufstellung von Baggermaschinen gestattete.

Diese Maschinen, welche aus Frankreich herangeschafft wurden und ihren Zugang zu dem nördlichen Theil des Canals über Port Saïd durch den Menzalehsee, zu dem südlichen über Alexandrien durch den Süßwasser-Canal fanden, sind die eigentlichen Erbauer des Canals und waren zur Zeit meiner Reise noch in bedeutender Anzahl in Thätigkeit. Diejenigen vom größten Modell, deren jede eine halbe Million Francs kostet, enthalten Dampfmaschinen von 120 Pferdekraft, deren Leistung aber bis auf 360 Pferdekraft gesteigert werden kann. Sie schwimmen auf sehr starken Prahmen, haben Baggerkästen von fast einem Cubikmeter Inhalt und sind im Stande täglich 2000 Cubikmeter Sand oder Schlamm aus dem Boden empor zu heben. Einige dieser Bagger schütten die gehobene Masse in flache Böte, welche von Dampfern in die benachbarten Seen geschleppt und dort wieder entleert werden. Die meisten jedoch stehen in Verbindung mit einer zweiten Maschinerie, welche die Erdmassen sogleich ans Ufer befördert. Ist das Ufer hoch, so geschieht dies durch einen Elevator, der mittelst eines Gitterwerks ein Schienengeleise bis zu 70 m. (227′) Länge trägt, auf welchem ein Wagen bis zu 20 m. (65′) Höhe emporsteigt. An diesem Wagen hängt ein großer mit Erde gefüllter Kasten, der am Ende der Bahn plötzlich umschlägt und seinen Inhalt ausschüttet. Ist dagegen das Ufer niedrig, so fällt der Inhalt der Baggerkästen in eine große Rinne (Couloir) von etwa demselben Maßstabe, in welche sich an derselben Stelle der Strahl einer sehr starken Wasserpumpe ergießt. Dieser Wasserstrahl, wenn nöthig noch unterstützt durch eine in derselben Richtung sich bewegende Kette ohne Ende, reißt den Sand und Schlamm durch die ganze Rinne mit sich fort, bis Alles am Ende auf den Uferdamm hinabfließt.

Ueber eine andere sehr eigenthümliche Art von Baggermaschinen, welche in El Guisr angewandt wurden, berichtet Admiral Tegetthoff: „Die Ausgrabungen der höchsten Kuppe versehen die excavateurs à sec. Es sind dies vollkommene Baggermaschinen, welche, anstatt auf einem Ponton etablirt zu sein, auf Rädern ruhen, und zwar auf drei Reihen, von denen eine wegen der Stabilität des ganzen schweren Apparats nach jener Seite hervorsteht, nach welcher der Leiter der Schaufelkette herabhängt. Die Räder ruhen auf Schienen; dicht an diesen läuft ein zweiter Schienenstrang für die Waggons, in welche wie bei schwimmenden Baggern der ausgegrabene Sand durch eine Schute entleert wird. Zu 12 Waggons ist eine Locomitive beigegeben. Diese excavateurs arbeiten sehr gut; ich sah die Schaufeln stets voll; nach jeder Umdrehung der Schaufelkette wird der ganze Apparat durch die Maschinen selbst um eine Schaufelbreite vorgerückt. Ein excavateur gräbt pr. Tag 3—400 Cubikmeter aus."

Auch entschloß man sich jetzt und hatte sich zum Theil schon früher entschlossen, die meisten großen Arbeiten in andere Hände zu geben und, wie ein Bericht vom Jahre 1865 zeigt, etwa folgendermaßen zu vertheilen (Guillemin, a. a. O. pag. 305)

a. den Herren Duffaud frères für die künstlichen Blöcke zur Construction der Molen von Port-Saïd 250,000 Cubikmeter à 40 Fr.	10,000,000 Fr.
b. Herrn Valette für die Anwendung natürlicher Blöcke von Mex (bei Alexandrien) zum Bau derselben Molen, 20,000 Cubikmeter à 35 Fr.	700,000 „
c. Herrn Borel, Lavalley u. Co. für Hebung und Aufschüttung von 51,000,000 Cubikmeter am maritimen Canal à 250 Fr.	112,500,000 „
d. Herrn Couvreux für den Durchstich von El Guisr	10,500,000 „
e. Herrn Lasseron für eine zweite Wasserleitung von Ismaïliah nach Port Saïd	2,900,000 „
f. Quais von Port Saïd	3,500,000 „
g. Molen von Suez	2,200,000 „
h. Steinblöcke zur Verkleidung der Ufer des Seecanals	8,000,000 „
i. Unvorhergesehene Arbeiten und Generalkosten	10,000,000 „
in Summa	160,300,000 Fr.

Allen diesen Unternehmern wurden Prämien zugesichert, wenn ihre Arbeiten vor dem bestimmten Termin beendigt sein würden, und Strafen auferlegt für jede Verzögerung nach demselben. Bei den Herren Borel, Lavalley u. Co. betrug die Prämie wie die Strafe pr. Monat 500,000 Fr. und war als Ablieferungstermin ihrer Arbeiten der 1. Juli 1868 festgesetzt.

Doch konnte dieser Termin nicht eingehalten werden, da später auf Vorschlag der Herren Borel u. Lavalley die Breite des Canals an der Wasserlinie, wo er nicht etwa durch Hügel geschnitten war, von 58 m. auf 100 m. erweitert wurde.

Bei der Weichheit des Bodens erschien eine Böschung der Canalwände von 1:2,3 bedenklich, und man scheute die sehr bedeutenden Mehrkosten nicht, um dieselbe auf das Verhältniß 1:5 zu vermindern. Die Menge des zu hebenden Erdreichs wurde dadurch von 51,000,000 Cubikmeter auf 75,000,000 Cubikm. vergrößert, so daß nach diesem neuen Plane am 1. August 1866 noch 45,000,000 Cubikm. auszuheben waren (Guillemin). Die Dampfkraft, über welche die Firma Borel u. Lavalley disponirte, war damals in Summa etwa auf 10,000 Pferdekraft anzuschlagen, mit einem täglichen Verbrauch von 12,000 Ctr. Steinkohlen und von den damals in ihrem Besitz befindlichen Maschinen und Geräthschaften giebt G. Rohlfs das folgende Verzeichniß, welches zugleich die ungeheure Großartigkeit der übernommenen Verpflichtungen erkennen läßt.

III. Der Bau des Canals.

(G. Rohlfs, der Canal von Suez im Jahre 1868. Unsere Zeit. 1868. S 272, s. auch Guillemin a. a. O.):

„a. 10 mechanische Zermalmer, b. 4 Handbaggermaschinen, c. 19 kleine Baggermaschinen, d. 58 große Baggermaschinen, von denen 20 mit langen Abgüssen, e. 30 Dampfschiffe, um Schutt wegzutragen, mit Seitenklappen, f. 79 Schuttdampfschiffe mit Grundklappen, g. 18 Elevateurs, h. 90 schimmende Chalands mit Schuttkisten, i. 30 Dampfwidder, k. 15 Dampfchalands, l. 60 Locomobilen, m. 15 Locomotiven, n. 20 Dampferdhöhler, theils für trocknen, theils für nassen Boden, o. 1800 Erdwagen, p. 25 Dampfcanots und Remorqueurs, q. 200 eiserne Chalands, außerdem ein genügendes und massenhaftes Material von kleinen Geräthen, als Schaufeln, Hacken, Schiebkarren u. s. w., und eine Arbeitskraft von 12,000 Menschen."

Nach den Angaben desselben Reisenden „blieben vom 1. Juni 1861 an noch 34 Mill. Cubikmeter Terrain wegzuräumen übrig. Mit der Arbeitsfähigkeit, welche Borel und Lavalley zu ihrer Disposition haben und die sich im Mai 1868 auf 18 Mill. Cubikmeter (pr. Jahr) weggeschafftes Erdreich belief und im Juli 1868 auf 20 Mill. Cubikmeter (pr. Jahr) gesteigert werden wird, ergiebt es sich, daß in der That bis Ende des Jahres 1869 der Canal fertig sein würde. Ob aber derselbe dann schon für die größten Fahrzeuge passirbar sein wird, ist eine andere Frage; jedenfalls aber werden Borel und Lavalley, die mit der Compagnie übereingekommen waren, eine so und so große Menge von Erdreich aus der vorgeschriebenen Linie des Canals hinwegzuräumen, ihren Verpflichtungen nachgekommen sein." Wir haben also, obwohl ein Abschub von einigen Monaten nicht von Bedeutung wäre, vorläufig keinen Grund, an der Einhaltung des verkündigten Termins zur Eröffnung des Canals (1. October 1869) zu zweifeln.

Daß hierüber auch anderer Orten die Zweifel zu schwinden anfangen, dafür häufen sich die Beweise von Tage zu Tage. Aus verschiedenen Zeitungen erlaube ich mir die folgenden Notizen zu excerpiren.

„Ein in der „Times" veröffentlichter Brief beschreibt einen Ausflug, den Lord Mayo, auf der Durchreise nach Indien, nach dem Suezcanal gemacht, und theilt mit Genehmigung des neuen Generalgouverneurs mit, derselbe habe im Ganzen eine sehr günstige Ansicht von dem Unternehmen gewonnen. Lord Mayo habe sich überzeugt, daß das Werk zu zwei Drittel fertig sei und, im Falle keine ungünstige Ereignisse dazwischen treten, bis Anfang 1870 vollendet sein dürfte." (Voss. Z'g. Anfang 1869.)

„Schon mehrfach ist bemerkt worden, wie namentlich in der letzten Zeit die englischen Vorurtheile gegen den Suezcanal im Schwinden sind. Neuerdings findet in der „Times" ein Schreiben Raum, das von einem der bedeutendsten englischen Ingenieure, Mr. Fowler (gegenwärtig in der Reisebegleitung des Prinzen von Wales), herrührt. Die darin enthaltene Ansicht dieses hervorragenden Sachverständigen, der sich an Ort und Stelle umgesehen hat, lautet dahin, daß vom Standpunkte des Ingenieurs der Suezcanal niemals eine Unmöglichkeit, ja nicht einmal eine Schwierigkeit gewesen sei. Die nöthigen Werke seien sehr einfacher Natur, der Boden sei der Ausführung eher günstig als ungünstig und man dürfe der wirklichen Vollendung des Canals gegen Ende des laufenden Jahres entgegen sehen. Gegenüber solchen Zeugen giebt dann die „Times" ihre früheren Lehren vollständig auf und entschuldigt sich gewissermaßen mit dem Bemerken: „„Wenn wir früher geglaubt haben, der Suezcanal sei ein Schwert, um Englands Rüstung zu durchbohren, so haben wir es eben geglaubt, weil die Franzosen es behaupteten."" Das einzige Bedenken, das sie noch gegen das Unternehmen geltend macht, liegt in der Frage ausgesprochen: wird es sich auch rentiren?" (Voss. Zeitung, März 1869.)

Uebrigens soll nicht gesagt sein, wie auch G. Rohlfs hervorhebt, daß mit der Eröffnung des Canals der letzte Spatenstich, die letzte Baggerarbeit bereits geschehen sein müßte. Im Gegentheil glaube ich, daß man noch lange die Baggermaschinen in Thätigkeit sehen wird, und aus den Betrachtungen über die Möglichkeit des Versandens geht hervor, daß sie wohl niemals völlig verschwinden werden. Auch muß es durchaus rathsam erscheinen, den Transit und damit die regelmäßigen Einnahmen der Compagnie so früh wie möglich beginnen zu lassen. Dazu gehört aber nicht, daß überall zwei Schiffe der größten Art einander ausweichen können, ja kaum, daß ein solches überall fahren könne; dann wäre doch vielleicht vorläufig kleineren Schiffen die Benutzung zu gestatten. Aber es gehört dazu durchaus, daß die Strecke von Chalouf durchstochen und die Bitterseeen angefüllt seien.

Hierzu ist bereits der wichtigste Schritt geschehen. Ein vom Vicekönig von Aegypten an seinen Botschafter Nubar-Pascha in Paris gerichtetes Telegramm berichtet: „Serapeum, den 18. März 1869. Ich habe eben den Canal in seinem ganzen Laufe besucht und dem Eintritte der Wasser des Mittelmeers in die bittern Seen beigewohnt. Ich kehre nach Cairo zurück voll Bewunderung für das große Werk und voll Vertrauen in die baldige Vollendung desselben."

Die Eröffnung der Bitterseeen, so zu sagen, der Schlußstein des ganzen Werks, war es werth, wie die des Timsahsee's, feierlich begangen zu werden. Zehn Monate sollte nach den früher angestellten Berechnungen der Wasserstrom aus dem Mittelmeer dauern, durch den die

Bitterseeen angefüllt würden. Mehr als zwanzig Mal würden in dieser Zeit die Gewässer der ganzen nördlichen Strecke des Canals von Port Saïd ab einschließlich des Timsahsee's völlig erneuert werden. Das würde nun freilich bis zum 18. Januar 1870 dauern; doch ist es leicht, sich vorzustellen, auf welchem Wege man diesen Vorgang so zu beschleunigen gedenkt, daß eben schon am 1. October 1869 die Eröffnung des Canals stattfinden könne. Jedenfalls sind die Werke von Chalouf ihrer Vollendung so nahe, daß auch hier der Durchstich bald stattfinden kann, und ist dies geschehen, so strömen die Gewässer **beider Meere** einander entgegen, um sich in dem Becken der Bitterseeen mit einander zu vermischen und dasselbe mit doppelter Schnelligkeit anzufüllen.

Wir dürfen also darauf vertrauen, daß die Ankündigung des Hrn. de Lesseps keine übereilte war und daß nicht vergebens schon jetzt mit Zuversicht **Vorbereitungen getroffen und Einladungen ausgeschickt** werden. „Der Pascha von Aegypten macht sich große Rechnung darauf, die Kaiserin Eugenie bei der Eröffnung des Suezcanals (im October) als Gast bei sich zu begrüßen. Nächstens kommt er hierher (Paris), um sie förmlich einzuladen. Auch der Königin Victoria wird er zu diesem Zweck seine Aufwartung machen." (Weser=Zeitung vom 23. März 1869.)

Daß alsdann, entgegen der oben angestellten Betrachtung, jedenfalls auch schon **große Schiffe** den Canal werden passiren können, ist mit vollem Recht zu erwarten. Denn einerseits hieße es, geflissentlich die Sache in Mißcredit bringen, wollte man das Werk halb fertig mit so großem Pomp der Oeffentlichkeit übergeben, und andererseits **gilt das Besitzrecht der Compagnie 99 Jahre, vom Tage der Eröffnung an gerechnet.** Es wäre daher zum Schaden der Compagnie, wenn die Eröffnung stattfände, ehe noch eine vollständige Benutzung anfangen könnte.

Es ist bekannt, daß das ursprünglich aufgenommene Actiencapital nicht hinreichte, den Canal zu vollenden. Die oben angeführte Rechnung soll keineswegs über alle Ausgaben der Compagnie Nachweis geben. In ihr fehlen die sämmtlichen Posten vor 1864, sowie die Arbeiten in Chalouf. Ferner mußten die Kosten durch die Erweiterung des Canals auf 100 Meter beträchtlich erhöht werden. Es mußten 24,000,000 Cubicmeter Erdreich mehr gehoben werden, wofür etwa 60,000,000 Frcs. zu berechnen sind. Auch wurde das der Compagnie gehörige Terrain wieder auf 10,214 Hect. (6665 auf der afrikanischen, 3549 auf der asiatischen Seite) vergrößert.

So wurde denn eine **Vermehrung des Actiencapitals um neue 100 Mill. Francs** nothwendig, und sie wurde, obwohl mit Mühe, doch mit Hülfe eines Lotterieanlehens in Frankreich erreicht, so daß sich das ganze verzinsliche Capital auf 300 Mill. Frcs. beläuft.

Ob der Canal seinen Actionären die Zinsen dieses Capitals oder wohl gar noch Dividende bringen werde, ist eine Frage, die zu erörtern nach dem früher Gesagten dem Interesse des deutschen Zollvereins fern liegt. Die Zinsen des Anlagecapitals zu 5 pCt. betragen 15 Mill. Francs jährlich, und da das Canalgeld pro Tonne auf 10 Francs festgestellt ist, so würden, um diese Summe zu erreichen, 1,500,000 Tonnen den Canal passiren müssen, d. h. von jeder Seite her 750 Schiffe à 1000 Tonnen. Außer diesem Canalgeld werden die Einnahmen der Compagnie nur noch bestehen a) in den Anker-, Hafen- und Schleppgebühren für den Aufenthalt oder das Schleppen der Schiffe im Canal, b) in dem Ertrage der der Gesellschaft gehörenden bebauungsfähigen Ländereien. Beide Posten sind von geringem Belang. Der Preis für das Schleppen der Schiffe darf nicht allzusehr die dadurch verursachten Kosten überragen. Die Häfen sind Freihäfen für alle Transitwaaren; und die der Compagnie gehörigen Ländereien, mögen sie auch wegen ihrer Lage unmittelbar am Canal einen hohen Werth haben, sind doch bereits auf das nothwendigste Quantum eingeschmolzen.

Die Haupteinnahme bleibt das Canalgeld, dessen Festsetzung nach Zweckmäßigkeitserwägungen geschehen mußte und dessen Höhe daher nicht unabänderlich ist. Namentlich dürfte sich eine wesentliche Herabsetzung desselben für gewisse Artikel wie Steinkohle und Baumwolle empfehlen, die durch größere Quantitäten den Ausfall wieder decken würden.

Mag man sich übrigens für jetzt eine hohe Dividende für die Actionäre versprechen oder nicht: so viel wird Jedem aus den vorhergehenden und den nachfolgenden Betrachtungen klar werden:

1) daß die Einnahmen des Canals zur Instandhaltung desselben mehr als ausreichen werden;

2) daß es daher immer im Interesse der Actionäre liegen wird, für die Reparaturen des Canals zu sorgen;

3) daß bei weiteren Fortschritten in der Construction der Dampfschiffe und bei zunehmender Lebhaftigkeit des Verkehrs mit Ostasien die Wichtigkeit und Einträglichkeit des Canals sich steigern müssen.

Das Schicksal der Actionäre des Suezcanals hängt somit vorzugsweise von der Schnelligkeit ab, mit welcher die Construction der Dampfmaschinen und der Dampfschiffe fortschreitet, oder, anders ausgedrückt, von dem Zustande der Technik, des Handels und der Cultur, den bis zum 1. October 1968 die Völker des Erdballs gewonnen haben werden. Denn an diesem Tage soll der Canal aus dem Besitz der Compagnie in den der ägyptischen Regierung übergehen, freilich wohl in anderem Zustande als heute.

Wir dürfen erwarten, daß die Technik in ihrem so reißenden Fortschritt nicht erlahmen, sondern nur noch stürmischer eilen werde und daß die Verbindung zwischen den Völkern Ostasiens und Europas, deren Hemmnisse gerade jetzt mehr und mehr zu schwinden anfangen, eine Lebhaftigkeit gewinnen werde, wie sie der Culturstufe der beiden Völkergruppen entspricht. Wir dürfen erwarten, daß alsdann auf dem Isthmus von Suez der traurige Anblick der Wüste bereits verdrängt sei durch das heitere Bild, welches eine dichte Bevölkerung, ein reger Handelsverkehr, der Reichthum der Städte und ein üppiger Pflanzenwuchs in den Umgebungen derselben gewähren. Diese Erwartungen sind berechtigt; aber von diesem Standpunkt aus betrachtet, erscheint der Suezcanal nicht nur als segensreich und nützlich für die Menschheit, sondern als unentbehrlich.

IV. Der Waarenverkehr durch den Canal.

Die wichtigste von allen Fragen, die den Suezcanal betreffen, ist die: welche Vortheile wird er dem Handel gewähren? Was sind alle noch so großen Opfer an Herstellungskosten, selbst wenn jährlich noch Reparaturen nöthig werden sollten, sobald nur der Handelsverkehr nach Asien durch den Canal wesentlich erleichtert würde? Was aber würden alle zweckmäßigen Einrichtungen und das vollkommenste technische Gelingen nützen, wenn dies Resultat nicht erreicht würde und wenn der Handel auf seinen alten Bahnen bliebe?

Diese Frage ist das A und das O des Canals, und wie ihre Beantwortung die Grundlage aller Canalisirungsprojecte gewesen, so ist sie heute der Gegenstand der heftigsten Meinungsdifferenzen. Je nach der Parteistellung, wie sie so leicht durch die heimathlichen Interessen verursacht wird, unterschätzt man bald die dem Canal günstigen, bald die ihm nachtheiligen Verhältnisse und gelangt dadurch selbstverständlich zu diametral entgegengesetzten Resultaten.

Offenbar eine sehr sanguinische Hoffnung ist es, wenn die Vertreter des Canalprojects sich Rechnung machen, daß der gesammte Handel, der bisher um das Cap der guten Hoffnung seinen Weg nahm, in Zukunft Suez passiren werde. Auf diese Weise läßt sich leicht ein noch jährlich wachsender Transit von 3,000,000 Tonnen berechnen, was eine Einnahme an Canalgebühren von 30,000,000 Fr. ausmachen würde. (F. Szarvady, der Suezcanal. Leipzig 1859.)

Ebenso unrichtig ist es aber auch, zu meinen, daß ein bloßer Hinweis auf die Ungunst der beiden Binnenmeere für die Segelschifffahrt genüge, um zu beweisen, daß der Verkehr durch den Canal und, dem entsprechend, sein Einfluß auf den Handel immer nur ein geringer bleiben werde. Die Dampfschifffahrt wird um so entschiedener die Abkürzung der Wege benutzen können und mit ihrer Vervollkommnung wird die Lebhaftigkeit des Handels auf dem neuen Wege gleichen Schritt halten.

Allerdings sind die Binnenmeere, das Mittelländische wie das Rothe Meer, der Segelschifffahrt ungünstig, nicht durch Stürme, die man auf dem Rothen Meere überhaupt nur sehr selten zu befürchten hat, sondern durch die Enge der Fahrstraße, die den Schiffen nicht erlaubt, den conträren Winden bei Zeiten auszuweichen. Diesen gegenüber müssen sie still liegen oder kreuzen, bis günstigere Winde kommen, und so können sie natürlich die durch den kürzeren Weg gewonnene Zeit leicht wieder verlieren. Viele Schiffe suchten sich bisher in diesem Falle dadurch zu helfen, daß sie nahe an die Küste gingen, um die dort wechselnden Land- und Seebrisen zu benutzen, wie es die Küstenfahrzeuge der Araber thun. Daß hierbei die großen Schiffe fast regelmäßig scheitern, ist sehr erklärlich, da beide Ufer des Rothen Meeres mit einer Mauer von Corallenbänken gepanzert sind. Diese ragen bis nahe an die Wasserfläche empor und gestatten kleinen Fahrzeugen wohl die Passage, während sie größere Schiffe mit unbezwinglicher Kraft festhalten. Daher die häufigen Unglücksfälle im Rothen Meere, daher die Praxis, die Versicherungsprämien dort doppelt so hoch zu berechnen, wie in anderen Gewässern.

Vom März bis zum December streichen die Winde das Rothe Meer von NNW. nach SSO. herab und begünstigen außerordentlich die Fahrt nach Süden, vom December bis März gerade umgekehrt. Doch ist die Fahrt nach der entgegengesetzten Richtung immer auch um so schwieriger.

Aber selbst wenn die Segelschiffe das Mittelländische und Rothe Meer glücklich hinter sich haben und bei Aden den offenen Indischen Ocean erreichen, so finden sie in dieser Zone desselben die nämlichen Uebelstände. Sie sind hier mitten in den Monsunen und nicht im Stande, denselben, wenn sie ihnen ungünstig sind, auszuweichen.

Von März bis October weht der SW.-Monsun, und man kommt von Aden leicht nach allen Punkten der indischen und chinesischen Küsten. Das Zurückkommen hat aber in dieser Jahreszeit um so größere Schwierigkeiten, namentlich von Bombay, Ceylon und Calcutta aus; von der Sundastraße dagegen könnten die Schiffe (nach Maury's Windkarten) zuerst mit SO.-Passat weit westwärts gehen, bis etwa zum Chagos Archipel und dann in NW. Richtung nach Cap Guardafui hinüber schneiden. Doch würde ihnen auch dann noch im Rothen Meere ein anhaltender Nordwind die Rückkehr erschweren.

Vom October bis März bringt der NO.-Monsun gerade die umgekehrte Wirkung hervor. Die Schiffe kommen von Aden aus nur mit äußerster Mühe gegen ihn auf und können nur die afrikanischen Handelsplätze mit Leichtigkeit erreichen. Dagegen ist die Rückfahrt von jedem Punkte Südasiens aus um so viel leichter, besonders in der Zeit vom December bis März, wo auch im Rothen Meere Südwinde die Fahrt nach Europa begünstigen.

Wie viel besser gestalten sich die Windverhältnisse für die Schiffe, die um das Cap der guten Hoffnung gehen! Freilich machen sie ungeheure

Umwege. Zunächst berühren sie auf ihrer Fahrt durch den Atlantischen Ocean fast Rio Janeiro, aber geführt von kräftigen NO.= und SO.=Passaten, wenden sich dann scharf gegen O., um mit dem NW.=Gegenpassat das Cap der guten Hoffnung zu erreichen. Schnell daran vorübersegelnd, haben sie nun die Wahl, bis wohin sie in diesem Gegenpassat bleiben und wo sie in den stets nordwärts daran grenzenden SO.=Passat oder in den vom März bis October wehenden SW.=Monsun übergehen wollen. Zur Zeit dieses Monsuns können sie fast geradlinig nach jedem Küstenpunkt hin den Indischen Ocean durch= schneiden. Weht aber der NO.=Monsun, so bleiben die Schiffe meist lange im NW.=Gegenpassat, bis fast in den Meridian ihres Bestimmungs= ortes und durchschneiden dann, nördlich wendend, den SO.=Passat und den NO.=Monsun in Richtungen, wo beide Winde dem Fortkommen des Schiffes förderlich sind.

Umgekehrt ist die Heimfahrt von allen Küstenpunkten des Indischen Oceans bis zum Cap der guten Hoffnung fast geradlinig bei NO.= Monsun, während man bei SW.=Monsun suchen muß, sowohl diesen als den SO.=Passat etwa rechtwinklig zu durchschneiden. Natürlich kann auf der Fahrt nach Europa von einer Benutzung des NW.=Gegenpassats nicht die Rede sein. Mühevoll und stürmisch, wie immer, ist die Fahrt um das Cap der guten Hoffnung in den Atlantischen Ocean, der Weg in demselben aber ein sehr günstiger. Ein sehr schneller SO.=Passat führt das Schiff vor sich her, an dem Cap Roque vorüber bis an den Aequator, von wo an es den NO.=Passat der nördlichen Halbkugel in seiner rechten Seite findet, behält und benutzt bis über den Wendekreis, um dort end= lich, scharf ostwärts umbiegend, mit dem SW.=Gegenpassat die Häfen der europäischen Küsten zu erreichen.

Allerdings ist, wie wir sehen, der SW.=Monsun für die Rückkehr nach Europa, auch um das Cap, ungünstig und er hemmt auch in beträchtlichem Maße während der Sommermonate den asiatischen Export= handel, ganz besonders den chinesischen*), da die chinesischen Meere wie= derum durch ihre Enge ein Vermeiden der ungünstigen Winde schwierig machen. Aber trotzdem kann man im Allgemeinen sagen, daß auf dem Wege um das Cap die Schiffe — mit Ausnahme kleiner Strecken — zu jeder Zeit günstige und kräftige Winde finden.

Die Benutzung des Canals durch Segelschiffe kann mithin nur eine gelegentliche sein. Vielleicht, daß ein Schiff, um Zeit zu sparen, die eine

---

*) Karl v. Scherzer führt an, der SW.=Monsun sei der Schifffahrt so un= günstig, daß die Ausfuhr aus den chinesischen Häfen via Singapore nach Eng= land, Deutschland und Amerika hauptsächlich nur von October bis April geschehe. (Reise der Fregatte „Novara". Statistisch-commercieller Theil. II. Bd. pag. 169.)

IV. Der Waarenverkehr durch den Canal.

Reise bei günstiger Jahreszeit über Suez mache — die andere wird dann in der Regel um das Cap geschehen sein oder geschehen müssen. Ein Schiff, welches hin und her durch den Canal gehen wollte, müßte sich so einrichten, daß es ihn in der Richtung nach S. zwischen März und October passirte und daß es erst zwischen December und März zurückkehrte. Doch bleibt es fraglich, ob nicht auch dann noch streckenweise die Hülfe von Schleppdampfern oder ein längeres Kreuzen nothwendig sein wird, wodurch der gehoffte Vortheil leicht illusorisch werden könnte. Admiral Tegetthoff (Oesterr. Revue 1866, H. III. p 88—121) spricht sich dahin aus, „daß die Fahrt durch den Canal von Suez nur zu wagen sei von Schiffen, die in den Sommermonaten von England absegeln und bei ausgesprochen westlichem Wetter vor Gibraltar ankommen."

Anders liegt die Sache natürlich für die Schiffe des Mittelmeeres, denen die Fahrt bis Gibraltar ebenso viel Zeit oder mehr noch kosten würde, wie die nach Port-Saïd. Für diese ist die Aussicht besser auf dieser Route nach Indien, als auf der um's Cap. Das heißt freilich nur, daß die großen Nachtheile, welche die Mittelmeerhäfen bisher den Atlantischen gegenüber hatten, für den Verkehr mit Indien durch den Suezcanal etwas verringert werden. Bei der Regsamkeit der italienischen und griechischen Kaufleute läßt sich aber vielleicht auch diesem Handel eine ziemlich bedeutende Entwickelung prophezeien, die aber weniger für den Welthandel als für die Rentabilität des Canalunternehmens ins Gewicht fällt.

Die eigentliche Ausnutzung des Suezcanals liegt nur bei den Dampfschiffen, und zwar werden Schraubendampfer mit starker Takelung dazu vermuthlich die vortheilhafteste Art von Fahrzeugen sein. Sie können auf ihrem Wege die lebhaften Winde, die sie finden, benutzen, so lange sie ihnen günstig sind, und durchbrechen, sobald sie ihnen conträr sind.

Für Dampfschiffe ist die Abkürzung der Wege durch den Suezcanal eine sehr beträchtliche. Die folgenden Angaben über Entfernungen sind ziemlich genau berechnet nach Seemeilen, 60 auf 1" des Aequators:

Von Port Saïd			Von Lissabon		
nach Konstantinopel	780	Sml.	nach Bordeaux	720	Sml.
„ Sulinamündung	1048	„	„ Liverpool	976	„
„ Odessa	1128	„	„ London	992	„
„ Messina	900	„	„ Southampton	820	„
„ Triest, Venedig	1280	„	„ Rotterdam	1044	„
„ Genua	1388	„	„ Bremen	1290	„
„ Marseille	1460	„	„ Hamburg	1300	„
„ Brindisi	883	„	„ Capstadt	5280	„
„ Gibraltar	1900	„	„ Aden	3610	„
„ Lissabon	2212	„			

Von Port Saïd bis Suez sind 88 Sml., bis Aden 1310.

Von Aden			Von Capstadt		
nach Zanzibar	1618	Sml.	nach Zanzibar	1900	Sml.
" Bombay	1510	"	" Bombay	4640	"
" Point de Galle	2150	"	" Point de Galle	4400	"
" Calcutta	3250	"	" Calcutta	5500	"
" Singapore	3640	"	" Singapore	5680	"
" Sundastraße	3850	"	" Sundastraße	5200	"
" Hongkong	5070	"	" Hongkong	7080	"
" Melbourne	6770	"	" Melbourne	5040	"

Von Gibraltar betragen die Entfernungen:

nach Marseille	720	Sml.	nach Konstantinopel	1832	Sml.
" Genua	856	"	" Sulinamündung	2100	"
" Brindisi	1267	"	" Odessa	2180	"
" Triest, Venedig	1664	"	" Capstadt	5200	"

Endlich ist die Entfernung von Newyork nach Gibraltar 3024 Sml., nach Capstadt 6240 Sml.

Aus dem Vorstehenden können wir für die einzelnen uns interessirenden Plätze die Entfernungen auf beiden Wegen berechnen und daraus die Ersparnisse an Zeit bei der Benutzung des Canals, wobei wir den Weg eines Dampfers per Tag mit 200 Sml. anschlagen.

So sind die Wege von Southampton aus:

nach	um das Cap	über Suez	Differenz	Tage
Zanzibar . . .	8000	6040	1960	10
Bombay . . .	10,740	5940	4800	24
Point de Galle	10,500	6580	3920	19
Calcutta . . .	11,600	7680	3920	19
Singapore . .	11,780	8070	3710	18
Sundastraße .	11,300	8280	3020	15
Hongkong . . .	13,180	9500	3680	18
Melbourne . .	11,140	11,200	60	—

Dieselben Differenzen gelten für alle atlantischen Häfen Europas und ergeben unzweifelhaft, daß für die Dampfschifffahrt nach allen diesen Orten (mit Ausnahme von Melbourne) der Weg durch den Suezcanal bei Weitem der kürzere ist. Nach Melbourne würde man mit Recht das Canalgeld scheuen und lieber um das Cap der guten Hoffnung gehen. Bei allen übrigen Routen aber wird diese Ausgabe durch die Ersparniß an Zeit, Kohlen, Löhnung und Lebensmitteln mehr als aufgewogen.

Viel günstiger als für die atlantischen Häfen stellen sich für die Mittelmeerhäfen die Wegdifferenzen nach den angeführten Punkten, nämlich:

IV. Der Waarenverkehr durch den Canal.   39

für Marseille   um 1392 Sml. oder 7 Tage
 „ Genua   „ 1600   „   „ 8 „
 „ Triest, Venedig „ 2516   „   „ 12 „
 „ Brindisi   „ 2516   „   „ 12 „
 „ Konstantinopel „ 3184   „   „ 16 „

ungünstiger dagegen für Newyork um 1752 Sml. oder 9 Tage.

So würde also vom Mittelmeer aus auch Australien in das Gebiet der Suezcanalfahrt gehören können. Indessen die Dampfschifffahrt um das Cap der guten Hoffnung kommt überhaupt eigentlich nicht in Frage. Vielmehr ist es die Segelschifffahrt auf diesem Wege, gegen welche sich die Suezcanalfahrt pr. Dampf ihre Stellung zu erkämpfen hat. Die Segelschifffahrt aber hat in den letzten Jahrzehnten so bedeutende Fortschritte gemacht, daß eine Concurrenz mit ihr heute bereits viel schwieriger ist, als beim Beginn des Canalbaus vor 10 Jahren. Die Klipperschiffe, welche mit ihrem scharfen Kiel das Wasser durchschneiden, und die Sailing directions von Maury, welche den Schiffen die zweckmäßigste Benutzung der Winde und Strömungen angeben, haben eine Abkürzung der Fahrzeit erreichen lassen, die auf manchen Strecken 20—30 pCt. beträgt.

Obwohl mit Hülfe dieser neuesten Verbesserungen, die man beide den Amerikanern zu danken hat, schon Ausgezeichnetes erreicht worden ist und z. B. bei einem im Jahre 1867 stattfindenden Wettlaufe der Theeklipper der Sieger nicht mehr als 90 Tage von Hongkong bis Southampton gebraucht hatte, so muß man doch für gute Segler auf diese Strecke noch immer mindestens 110 Tage rechnen; auf die Hinfahrt noch einige Tage mehr. Für Bombay, Point de Galle und die Sundastraße dürften etwa 100 Tage Fahrzeit (auch wohl 110) anzunehmen sein; während nach Singapore und Calcutta noch etwa 3 Tage hinzukommen.

Den Dampfschiffscours unter Mitbenutzung der günstigen Winde nehmen wir ein für alle Mal auf 8 Sml. pr. Stunde oder 200 Sml. pr. Tag an. Dann berechnen sich für die Fahrt (bei den Dampfern einschließlich 3—5 Tage für Kohlenladung in Lissabon, Messina, im Canal, in Aden, Point de Galle und in Singapore) von Southampton

	Cap Segel	Canal Dampf	Ersparniß	Verhältniß
nach Zanzibar	80 Tage	33 Tage	47 Tage	$2^{3}/_{5}$: 1
„ Bombay	100 „	33 „	67 „	3 : 1
„ Point de Galle	100 „	37 „	63 „	$2^{2}/_{3}$: 1
„ Calcutta	103 „	42 „	61 „	$2^{1}/_{2}$: 1
„ Singapore	103 „	44 „	59 „	$2^{1}/_{3}$: 1
„ Sundastraße	100 „	45 „	55 „	$2^{2}/_{9}$: 1
„ Hongkong	110 „	53 „	57 „	2 : 1

Diese Tabelle gilt jedoch nur für England und für die atlantischen Häfen, an sich betrachtet. Für Deutschland stellen sich die Zahlen in hohem Grade anders, wenn man dabei die Dampfschifffahrt nach den Mittelmeerhäfen mit der Segelschifffahrt nach den Nordseehäfen vergleicht. Nach Hamburg und Bremen dauert die Segelfahrt 4 Tage länger, nach Venedig die Dampfschifffahrt 10 Tage kürzer als nach Southampton. Darnach dauern die Fahrten

Von	nach Hamburg oder Bremen um das Cap	nach Venedig über Suez	Ersparniß	Verhältniß
Zanzibar....	84 Tage	23 Tage	61 Tage	3⅔ : 1
Bombay....	104 „	23 „	81 „	4½ : 1
Point de Galle	104 „	27 „	77 „	4 : 1
Calcutta....	107 „	32 „	75 „	3⅓ : 1
Singapore...	107 „	34 „	73 „	3 : 1
Sundastraße..	104 „	35 „	69 „	3 : 1
Hongkong...	114 „	43 „	71 „	2⅔ : 1

Der Gewinn an Zeit hat im Handel jedesmal auch Geldeswerth. Um so viel früher die Waare ankommt, um so viel früher kann sie verkauft werden, um so viel früher genießt man den Zins ihres Verkaufswerthes. Der genaue Nachweis freilich, wie hoch man diesen Zinswerth zu rechnen habe, ist außerordentlich schwierig und erforderte, um ihn überall durchzuführen, eine fast endlose Arbeit. Durchschnittlich müßte ihn der Kaufmann doch wohl auf 12 pCt. per Jahr oder 1 pCt. per Monat berechnen, da schon der Privatmann häufig 6 pCt. per Jahr verlangt. Diese Schätzung scheint in der Billigkeit zu liegen; einen Anhalt dafür giebt aber auch die Calculation, welche man bei Abtretung einer Rechnung über noch schwimmende Importwaaren aus Indien innehält. Diese Rechnung kommt per Ueberlandpost, also auch 2—3 Monat früher als die um das Cap segelnde Waare. Verkauft der Adressat das ganze Anrecht an diese Waare, wie sie die Rechnung eben verzeichnet, an einen dritten, so wird ihm im Durchschnitt dabei ein Vortheil von 5 pCt. gewährt, freilich auch, je nach den Conjuncturen, bald mehr bald weniger (Privatmittheilung). Dieser Vortheil entspricht mindestens 12 pCt. Verzinsung des Capitals, oder reicht vielmehr noch darüber hinaus, und darnach ergiebt sich aus der obigen Zeitersparniß ein Gewinn an Zinsen für die Nordseehäfen von ca. 2 pCt., für die Mittelmeerhäfen noch ⅓ bis ⅔ pCt. mehr.

Einen noch weit höheren Werth hat diese Zeitersparniß, wenn es sich um Benutzung günstiger oder Vermeidung ungünstiger Conjuncturen handelt. Diese sind sowohl für den Import wie für den Export von hoher Wichtigkeit und oft bedeutenden Schwankungen unterworfen. Der augenblickliche Mangel oder Ueberfluß eines Artikels, oder auch die Mode, führt Preisschwankungen herbei, welche meist nur Derjenige wird nutzen können, der im Augenblick anbietet, was im Augenblick gebraucht wird, während der Langsame vielleicht erst ankommt, um den Rückschlag der Conjunctur auszukosten. So gewichtig und beachtenswerth diese Verhältnisse aber auch für den Handel sind: es ist noch viel schwerer als vorher, ja es ist unmöglich, sie von vornherein ihrem Werthe nach zu veranschlagen.

Auch die Verhältnißzahlen der angegebenen Fahrzeiten verdienen die höchste Beachtung. Sie müssen bei sonst gleichen Umständen als Richtschnur für die Höhe der zu zahlenden Versicherungsprämie gelten. Ein Dampfschiff, welches von Bombay aus nur $1/4$ der Zeit auf See ist, wie ein Segelschiff, das um das Cap zu gehen hat, hat natürlich auch nur $1/4$ der Seegefahr wie dieses. Selbst gleiche Zeit auf See angenommen, gewährt das Dampfschiff größere Sicherheit, da es eben nicht völlig den Winden preisgegeben ist. Nur in Bezug auf Feuersgefahr steht es ungünstiger da, als der Segler, doch sind Unglücksfälle dieser Art im Ganzen sehr selten.

Die thatsächlichen Verhältnisse entsprechen freilich nicht vollständig diesen Principien, sondern normiren sich nach Angebot und Nachfrage etwas abweichend. In allen indischen und chinesischen Häfen beträgt die Versicherung nach Europa mit einigen Schwankungen $2 1/2$ pCt. (v. Scherzer), während man von hier aus Güter bis Canton mit $1 3/4$ pCt. deckt. Mit der Overland Mail darf man $1 1/4$ pCt. rechnen für England, 1 pCt. für Triest und Marseille und nach Herstellung des directen Seewegs vielleicht noch $1/4$ pCt. weniger. (Privat-Gutachten.)

Es stellt sich so in der Versicherungsprämie ein Gewinn von etwa 1 pCt. des Einkaufswerthes für den directen Dampfercours gegen den Segelcours um das Cap heraus; für Bombay und Point de Galle wohl noch etwas mehr.

Von den Verhältnißzahlen hängt ferner auch der Verlust an Qualität ab, der aber bei den verschiedenen Waaren von so verschiedenem Belang ist, daß eine allgemeine Veranschlagung sich verbietet.

Endlich muß die Häufigkeit der Fahrten auch eine wesentliche Rolle bei der Bestimmung des Frachtsatzes spielen, und man sollte meinen, ihn erniedrigen. Wenn aber irgendwo, so tritt hier der Unterschied zwischen Theorie und Praxis grell hervor. Admiral Tegetthoff (a. a. O.) sagt: „Der Dampfer wird zum mindesten $2 1/2$ Mal so hohe Frachtsätze pro Tonne fordern als das Segelschiff und wird dem Handelsmann noch immer den Vortheil gewähren, daß dabei der von der Ladung repräsentirte Capitalswerth einen weit rascheren Umsatz erfährt."

Und gerade je schneller ein Schiff die Fahrt von Indien oder China nach Europa macht, um so höhere Frachten wird es erhalten können.

Dies bestätigt auch die heutige Praxis. Während v. Scherzer die Fracht pr. Tonne von Honkong nach England pr. Segelschiff auf 2—8 £ angiebt, je nach den Conjuncturen, so rechnet er die pr. Overland-Mail auf 90 Dll. spanisch oder 20¼ £, eine Fracht, bei der freilich auch das doppelte Umladen und der sehr theure Eisenbahntransport auf dem Isthmus mitspricht*) und die nur für Seide aufgebracht wird. Von Bombay giebt ein Marktbericht vom 30. Januar 1869 die Segelfracht auf 2—2½ £ pr. Tonne von 50 Cubikfuß, die Overlandfracht auf 6½—7 £ pr. Tonne von 40 Cubikfuß an.

Daß sich auf diese Weise der Weg durch den Suezcanal bei den Rhedern allmählich beliebt machen wird, ist zu erwarten. Doch wird man bei einer Berechnung der Vortheile und Nachtheile dieser Verkehrsstraße, um die Aufgabe nicht noch mehr zu verwickeln, das Interesse der Rheder womöglich aus dem Spiel lassen müssen. Stellen wir uns daher ein großes Handelsgeschäft vor, welches den Transport seiner Waaren selbst übernimmt, und untersuchen wir nun, ob und für welche Artikel einem solchen Geschäfte der Dampfschifftransport durch den Suezcanal vortheilhafter als der Segeltransport um Afrika herum ist.

Von diesem Standpunkte aus brauchen wir nicht die wirklich vorhandenen Frachtsätze zu erörtern, sondern müssen, da der Werth der ersparten Zeit schon veranschlagt ist, nur berechnen:

1) wie sich die Generalkosten des Schiffes bei Dampf oder bei Segel auf die transportirten Waaren vertheilen und

2) was bei dem Dampfschiff an Kohlen gebraucht wird.

Für die erste Frage ist es von größter Wichtigkeit, daß ein möglichst großer Theil des Schiffsraumes den Waaren offen gehalten werde, d. h. daß der Raum für die Maschine und die Kohlen möglichst beschränkt werde. Daher muß das Dampfschiff oft neue Kohlen einnehmen und die Kohlenmagazine müssen in möglichst geringer und gleichförmiger Entfernung von einander liegen. Bei Einhaltung der nachfolgend be-

---

*) Der Transport per Eisenbahn zwischen Alexandrien und Suez kostet (Guillemin a. a. O. pag. 312): 1) Für Metallarbeit, bearbeitetes Elfenbein, Zuckergebäck, Opium, Farben, Seidengewebe, Thees, Teppiche ꝛc. pr. Ton (1000 Kil.) 229 Fr. = 10 £; 2) für Flaschen, Decken, unbearbeitetes Elfenbein, feine Cigarren, Parfümerien 173 Fr. = 7½ £; 3) für Stärke, Broncen, Getreide, Wolle und Baumwolle, bearbeiteten Marmor, inländische Teppiche, Baumwolle in Ballen 138 Fr. = 6 £; 4) für Eisen, Metallguß, Maschinen, Oele, Weine in Fässern, Taback und Zucker 115 Fr. = 5 £, 5) für Essig, Kaffee, Mehl in Fäßchen oder Säcken ꝛc. 104 Fr. = 4½ £; 6) für Kalk, Gummi, Holz, unentschälten Reis, Stroh, gewöhnliche Matten 92 Fr. = 4 £; 7) für Brennstoffe 69 Fr. = 3 £.

IV. Der Waarenverkehr durch den Canal. 43

nannten Stationen wird man nie genöthigt sein, für mehr als 8 Tage Kohlen an Bord zu führen.

Von Hamburg oder Bremen nach	Lissabon	=	1300	Sm.	6,5 T.,
„ Lissabon	„	Messina	=	1320	„	6,6 „
„ Messina	„	P. Saïd	=	900	„	4,5 „
„ P. Saïd	„	Aden	=	1400	„	7,0 „
„ Aden	„	Point de Galle	=	2150	„	10,8 „
„ Point de Galle	„	Singapore	=	1500	„	7,5 „
„ Singapore	„	Hongkong	=	1200	„	6,0 „
„ Aden	„	Bombay	=	1510	„	7,6 „
„ Point de Galle	„	Calcutta	=	1100	„	5,5 „
„ „ „ „	„	Sundastraße	=	1700	„	8,5 „
„ Triest	„	P. Saïd	=	1280	„	6,4 „

Alle diese Entfernungen sind in weniger als 8 Tagen zurückzulegen, ausgenommen nur die von Aden nach Point de Galle und die von Point de Galle nach der Sundastraße, welche 11 und 8½ Tage erfordern würden. Es wäre sehr nachtheilig, müßte man sich deßwegen mit dem ganzen Schiffe auf einen Kohlenvorrath einrichten, der der Fahrzeit von 11 Tagen entspräche. Der Waarenraum würde dadurch zum großen Nachtheil der ganzen Spedition außerordentlich verkleinert werden. Doch fehlt es glücklicherweise nicht an Abhülfen. Gerade auf diesen beiden Strecken wehen die Monsunwinde mit einer so großen Regelmäßigkeit, daß man über ihr Vorhandensein oder ihre Richtung niemals im Zweifel sein kann. Mag nun auch der Monsun aus SW. oder NO. wehen, so wird die Richtung nach NW. in beiden Fällen gleich gut schiffbar sein, eine Richtung, die von Ceylon etwa in den persischen Meerbusen führt. Das Schiff wird sogar ohne Schwierigkeit ein Weniges gegen den SW.-Monsun aufkommen können und auf diese Weise so nahe an Aden geführt werden, daß ein Kohlenvorrath für 8 Tage überreichlich genug ist. Ebenso, wenn ein Schiff gegen den NO.-Monsun nach Ceylon fahren soll. Es wird entweder zuerst längs der arabischen Küste mit Dampf gehen und dann mit halbem Winde nach SO. halten, oder es wird zuerst von Cap Guardafui ab in den indischen Ocean hinaussteuern und dann mit Dampf den 8° Canal zwischen den Malediven und Lakkadiven passiren. Ganz entsprechend liegt der Fall bei der Fahrt zwischen Point de Galle und der Sundastraße.

Mir scheint in dieser Art der Kohlenersparniß zu Gunsten des Schiffsraumes keine Gefahr noch Schwierigkeit zu liegen, sondern nur ein Zeitverlust von höchstens zwei Tagen.

Andere Mittel, die Strecke von Aden nach Point de Galle abzukürzen, wären die Errichtung eines Kohlenmagazins auf Socotora oder in

Hadramant, oder ein Anfahren von Bombay, doch scheinen mir diese mit viel mehr Schwierigkeiten und Kosten verbunden als die oben angeführte Aushülfe.

Vorausgesetzt, daß die genannten Stationen eingehalten werden, so dürfen wir den Waarenraum eines Dampfschiffes etwa gleich zwei Dritttheilen von dem eines cubisch gleich großen Segelschiffes setzen. Das Schiffsgebäude des Dampfschiffes wird deßwegen für gleiche Ladung 1½ Mal so kostbar anzuschlagen sein, und wenn wir (mit Szarvady) per Ton Ladungsraum 500 Fr. als Preis für ein Segelschiff annehmen, so würde derselbe beim Dampfschiff auf 750 Fr. ohne Maschinerie, mit derselben (⅓ Pfdkr. per Ton nebst Einrichtung = 250 Fr. gesetzt) etwa auf 1000 Fr. zu stehen kommen, sich also im Preise zu dem des Segelschiffes von gleicher Ladung wie 2:1 verhalten.

Rechnen wir (nach dem schätzenswerthen Gutachten eines Fachmannes) für die Verzinsung des Schiffes per Jahr 5 pCt. des Preises, für die Abnutzung 10 pCt., für die Versicherung der Segelschiffe 6 pCt., für die der Dampfschiffe wegen des häufigen Anlaufens von Häfen 8 pCt., in Summa für Segelschiffe 21 pCt., für Dampfer 23 pCt., so giebt dies per Ton folgende Beträge in Francs:

	Von Southampton			Von Hamburg ob. Bremen	Von Venedig oder Triest	
nach	pr. Segel.	pr. Dampf.	Diff.	pr. Segel.	pr. Dampf.	Diff.
Zanzibar ...	23,3	21,3	2,0	24,5	14,9	9,6
Bombay ...	29,1	21,1	8,0	30,3	14,7	15,6
Point de Galle	29,1	23,6	5,5	30,3	17,2	13,1
Calcutta ...	29,9	26,8	3,1	31,1	20,4	10,7
Singapore ...	29,9	27,5	2,2	31,1	21,1	10,0
Sundastraße .	29,1	28,7	0,4	30,3	22,3	8,0
Hongkong ...	32,0	33,8	—1,8	33,2	27,4	5,8

Die Kosten für Löhnung und Lebensunterhalt der Mannschaft berechnen sich etwas mehr zu Ungunsten der Dampfschiffe, da die Bemannung derselben gewöhnlich eine verhältnißmäßig stärkere ist. Rechnen wir dafür auf 1 Ton Ladung per Monat beim Segelschiff 6 Fr. an, so werden wir beim Dampfschiff etwa 15 Fr. rechnen müssen.

Dann erhalten wir per Ton in Frcs.:

Von	nach Southampton.			Hamb.-Br. Ben.-Triest.		
	pr. Segel.	pr. Dampf.	Diff.	pr. Segel.	pr. Dampf.	Diff.
Zanzibar ...	16	16,5	—0,5	16,8	11,5	+5,3
Bombay ...	20	16,5	+3,5	20,8	11,5	9,3
Point de Galle	20	18,5	+1,5	20,8	13,5	7,3
Calcutta ...	20,6	21	—0,4	21,6	16,0	5,6
Singapore ...	20,6	22	—1,4	21,6	17,0	4,6
Sundastraße .	20	22,5	—2,5	20,8	17,5	3,3
Hongkong ...	22	26,5	—4,5	22,8	21,5	1,3

IV. Der Waarenverkehr durch den Canal.

Während diese Rechnungen sich in Summa wegen der Häufigkeit der Fahrten für die meisten Stationen zu Gunsten der Dampfschiffe stellen, bildet der Verbrauch an Steinkohlen, den wir nun erörtern wollen, den eigentlichen Belastungsposten für dieselben. Ich habe schon oben per Ton Ladung $\frac{1}{3}$ Pfdkr. gerechnet und für Frachtdampfer, wie ich sie bezeichnet habe, wird diese Annahme genügen, sowie die eines stündlichen Kohlenverbrauchs von durchschnittlich $7\frac{1}{5}$ Pfund per Pfdkr., da die Mitbenutzung des Windes die Anwendung des Dampfes streckenweise wird ersparen lassen. Dann würde man 1 Ton Ladung mit 1 Pfund Steinkohle $3\frac{1}{3}$ Seemeilen oder mit 3 Pfund Steinkohle 10 Seemeilen weit transportiren können. Man würde in diesem Fall verbrauchen per Ton in Pfund:

	nach Southampton	nach Hamburg oder Bremen	nach Triest oder Venedig
Von Zanzibar	1812	1956	1287
„ Bombay	1782	1926	1257
„ Point de Galle	1974	2118	1450
„ Calcutta	2274	2418	1750
„ Singapore	2421	2565	1900
„ Sundastraße	2484	2628	1960
„ Hongkong	2850	2994	2325

Wir müssen also auch die **Preise der Kohlen** mitberechnen, obgleich diese an den verschiedenen Seeplätzen außerordentlich schwanken. Einen Anhalt dafür mag das folgende Verzeichniß des Hrn. E. Biesterfeld geben, datirt Newcastle, den 22. Febr. 1869 (Weser-Ztg. vom 25. Febr. 1869), welches die Frachten nach den verschiedenen Seeplätzen angibt. Die Kohlen kosten in Newcastle 10 s. pr. Ton und $\frac{1}{5}$ der Frachtprämie wird als zu supponirender Gewinn genügen, ja die meisten Schiffe erwarten denselben erst von der Rückreise.

nach	Frachten £ pr. Keel*)	Sh. pr. Ton	Preis pr. Ton Sh.	Frcs.
Aden	32	30	46	57,5
Alexandrien	9	8½	21	26
Batavia	—	21	35	44
Cadiz	10½	10	22	27,5
Konstantinopel	15½	15	28	35
Danzig, Memel	5¾	5½	16½	21
Galatz (Ibraïl)	18½	17½	31	39
Point de Galle	24	23	37½	47
Hamburg (Kiel, Harburg)	8	7½	19	24
Livorno	16—17	16	29	36

* 1) Keel = 21,2 Tons.

	Frachten		Preis pr. Ton	
nach	£ pr. Keel	Sh. pr. Ton	Sh.	Frcs.
Messina	14½	14	27	34
Odessa	15½	15	28	35
Rangoon	—	15	28	35
Shanghae	43	40	58	72
Singapore	28	26	41	51
Stettin	8½	8	19½	24
Bombay	32	30	46	57,5
Hongkong	33	31	47	59
			(v. Scherzer	45—50)
Calcutta (Marktbericht vom 8. Dec. 1868)			30	37,5
Port Saïd ⎱ Erkundigung an ⎰			36	45
Suez ⎰ Ort und Stelle ⎱			56	70
Triest (v. Tegetthoff)			27	34

Daß diese Preise nicht zu niedrig angesetzt seien, beweisen die nach Berichten angeführten **wirklichen Preise** der Kohlen in Calcutta und Hongkong, die hinter den für Bombay, Singapore, Point de Galle und Hongkong berechneten weit zurückstehen. Außerdem müssen bei zunehmender Lebhaftigkeit des Verkehrs und damit wachsender Aussicht auf Rückladung die Frachten und Preise unter die aufgestellten Normen gehen.

Berechnen wir aus den Preisen für Hamburg, Cadiz, Messina, Port Saïd, Aden und den oft genannten indischen Häfen einen Durchschnittspreis, so stellt sich dieser pr. 1 Ton Steinkohlen auf 44 Frcs. heraus.

Diesen setzen wir in die obige Berechnung des Kohlenverbrauchs ein und summiren dazu in der folgenden Tabelle die übrigen Mehr- oder Minderkosten des Dampftransports pr. Ton Ladung. Wir erhalten:

	(nach Southampton.				nach Venedig (verglichen mit den Nordseehäfen).			
Von	Kohlen	Schiff	Canal	Summe	Kohlen	Schiff	Canal	Summe
Zanzibar	39,8	—1,5	+10	=48,3	28,3	—14,9	+10	=23,4
Bombay	39,1	—11,5	+10	=37,6	27,6	—24,9	+10	=12,7
Point de Galle	43,4	—7,0	+10	=46,4	31,9	—20,4	+10	=21,5
Calcutta	50,0	—2,7	+10	=57,3	38,5	—16,3	+10	=32,2
Singapore	53,3	—6,8	+10	=62,5	41,8	—14,6	+10	=37,2
Sundastraße	54,6	+2,1	+10	=66,7	43,1	—11,3	+10	=41,8
Hongkong	62,7	+6,3	+10	=79,0	51,1	—7,1	+10	=54,0

So zeigt sich der Dampftransport ohne alle Ausnahme kostbarer als der Segeltransport um das Cap. Dem gegenüber steht aber der Vortheil der Zeitersparniß, den wir oben in Procenten des Werths der Waare anzugeben versucht haben; und es entsteht nun die Frage: **für welche**

IV. Der Waarenverkehr durch den Canal.

Waaren die Vortheile des Dampftransports und für welche die Nachtheile überwiegen.

Offenbar hängt dies von dem Werthe der Waaren ab, und wir werden leicht die Grenze beider Classen bestimmen können, wenn wir die gewonnenen Werthprocente per Ton den Mehrkosten des Transports per Ton gleich setzen. Darnach können wir die Höhe des Grenzwerths ohne Schwierigkeit berechnen.

Von	nach Southampton.					nach Venedig (verglichen mit den Nordseehäfen).				
	Mehrkosten d. Transports	Procente des Werths.	Werth pr. Ton in Francs.	Werth pr. Ctr. in Francs.	Werth pr. Ctr. in Thalern.	Mehrkosten d. Transports	Procente des Werths.	Werth pr. Ton in Francs.	Werth pr. Ctr. in Francs.	Werth pr. Ctr. in Thalern.
Zanzibar	48,3	2,5	1932	96,6	25,7	23,4	3,3	702	35,1	9,3
Bombay	37,0	3,3	1128	56,4	15,0	12,7	4,0	318	15,9	4,2
Point de Galle	46,4	3,3	1392	69,6	18,6	21,5	4,0	538	26,9	7,8
Calcutta	57,3	3,0	1910	95,5	25,5	32,2	3,7	870	43,5	11,6
Singapore	62,5	3,0	2083	104,2	27,8	37,2	3,7	1006	50,3	13,1
Sundastraße	66,7	3,0	2223	111,2	29,7	41,8	3,5	1337	66,9	17,9
Hongkong	79,0	3,0	2633	131,7	35,1	54,0	3,5	1543	77,2	20,6

Waaren von diesen Werthsätzen gehen also in gewöhnlichen Zeitverhältnissen, d. h. ohne Annahme von Conjuncturen, mit gleichem Vortheil um das Cap wie durch den Suezcanal; für die kostbareren aber würde der Weg über Suez, für die weniger kostbaren der um Afrika herum zu empfehlen sein.

Ich überlasse es der Kritik jedes Sachverständigen, diese Berechnung, wenn sie seinen Schätzungen oder Verhältnissen nicht entspricht, umzugestalten. Ich glaube indessen, behaupten zu dürfen, daß, wenn die einzelnen Posten in derselben unrichtig angesetzt sind, dies im Ganzen eher zu Ungunsten als zu Gunsten der Suezcanalfahrt geschehen ist.

Es drängen sich übrigens bei Durchmusterung dieser Zahlen unmittelbar einige naheliegende Betrachtungen auf. So sieht man klar, welche Wirkung ein etwaiger Fortfall des Canalgeldes für den Canalverkehr haben würde. Er würde den Grenzwerth der canalfähigen Artikel für die atlantischen Häfen um 4—5 ℳ, für die Mittelmeerhäfen um 3—4 ℳ pr. Ctr. erniedrigen, d. h. ihn für Bombay nach den Nordseehäfen auf 10 ℳ, nach den Mittelmeerhäfen auf 1 ℳ pr. Ctr. stellen. Demnach dürfte es nicht im Interesse der Compagnie liegen, den einmal angenommenen Satz zu verlassen, sondern eher Ermäßigungen zu Gunsten gewisser Artikel eintreten zu lassen, worauf schon oben hingedeutet worden ist.

Eine viel mächtigere Einwirkung auf die Hebung des Canalverkehrs werden die Fortschritte in der Dampfschifffahrtskunst ausüben, indem sie die obigen Grenzwerthe bedeutend, und zwar am meisten für die entferntesten Punkte, herabdrücken. Als besonders zu erstreben wird in dieser Beziehung hervorgehoben werden können:

1) **Die Verminderung des Kohlenverbrauchs der Maschinen.** Dazu führt die Anwendung der Expansion und Condensation in möglichst hohem Grade, die Benutzung der rationellsten Propeller und eine Construction des nicht zu kleinen Schiffes, bei welcher der Widerstand des Wassers ein möglichst geringer wird.

2) **Die Einschränkung der Maschine und der Kohlen auf einen möglichst geringen Raum.** Dazu ist bereits die Anwendung von cubisch geformten Kohlensteinen empfohlen worden. (Ad. Gurlt, die deutsche Steinkohle als überseeische Handelswaare. Bremen, 1868.) Jedenfalls sind nur gute Kohlen anzuwenden. Auch möchte sich zur Vermehrung des disponiblen Schiffsraums die Anwendung eiserner Schiffswände statt hölzerner empfehlen (Prömmel, Lehrbuch der Schiffsbaukunst. Triest.).

3) **Die möglichst starke Ausrüstung des Schiffes mit Segelwerk und die möglichste Benutzung aller günstigen Winde.**

Hierdurch begünstigt man die beiden vorangehenden Punkte, freilich bisweilen etwas auf Kosten der Schnelligkeit, und es ist daher das richtige Maß abzuwägen. Es wird vielleicht rathsam sein, vom geraden Wege abzuweichen und soweit gegen einen conträren Wind anzudampfen, bis man ihn als halben Wind benutzen kann. Bei diesem Verfahren dürfte zwischen Cap Lizard und Cap St. Vincent, sowohl hin als zurück, der Gegenpassat zu benutzen sein. Ebenso habe ich schon oben auf die Nutzbarkeit auch des conträren Monsuns zwischen Aden und Point de Galle und der Sundastraße aufmerksam gemacht. Das Gleiche gilt einigermaßen für die Fahrt von Point de Galle nach Singapore. In den übrigen Theilen läßt die Wahrscheinlichkeitsrechnung ebenso oft günstige wie ungünstige Winde vermuthen und für beide Richtungen ungünstig sind nur die Windstillen.

4) **Die Vermeidung alles unnützen Zeitverlustes.** Die Dampfschifffahrt verliert ihren Vorzug, wenn beim Laden die Zeit wieder verschwendet wird, die auf der Fahrt erspart worden ist. Das Ein- und Ausladen muß, in dem Verhältniß wie die Fahrt selbst, bei Dampfschiffen schneller geschehen als bei Segelschiffen. Sie müssen ihre volle Rückladung bereit vorfinden und nicht auf ihre Abfertigung zu warten haben.

5) **Die sichere und billige Lieferung guter Kohlen,** ein Gegenstand, welcher von jetzt an noch viel größere Wichtigkeit erlangen wird als bisher.

Als weniger zweckmäßig dürfte im Allgemeinen die Anwendung von Segelschiffen mit Rechnung auf Schleppdampfer sich erweisen, da die ungünstigen Winde auf eine so bedeutende Strecke dieses Weges vertheilt sind, daß das Schleppen mindestens von Aden bis Gibraltar erforderlich würde und da die Schleppschiffe dann meist leer zurückkehren müßten. Dagegen empfiehlt es sich vielleicht in einzelnen Fällen, einem schon seinerseits nach Europa oder nach Indien bestimmten Frachtdampfer auch noch ein in gleicher Richtung gehendes Segelschiff anzuhängen.

Zum Schluß dieser allgemeineren Betrachtungen über den Suezcanalverkehr lasse ich hier das Urtheil folgen, zu welchem Admiral von Tegetthoff in seiner Besprechung „des Canals über den Isthmus von Suez" (Oesterreichische Revue 1866, Heft III. S. 88—121) gelangt. Er sagt:

(S. 117.) „Daß der Waarentransport mit Dampfern täglich einen größeren Aufschwung nimmt und das ehedem aufgestellte Axiom, gewisse Waaren würden für immer und ewig der Segelfahrt erhalten bleiben, sehr häufig Lügen straft, davon liefert gegenwärtig Alexandrien einen sprechenden Beweis. Man sieht dort von Dampfern Getreide, Bauholz, Steinkohlen u. s. w., überhaupt Waaren ausladen, bei welchen noch vor einigen Jahren Jedermann gezweifelt hätte, daß ihre Beförderung jemals von Dampfern besorgt werden könnte. So bringt z. B. der Eildampfer des Lloyd sogar behauene Pflastersteine nach Alexandrien; und diese Linie gehört zu jenen, welche für den Lloyd nicht passiv sind. Die Frachten auf den Dampfern werden wohlfeiler, seit solche ausschließlich für den Waarentransport gebaut und mit Maschinen versehen worden sind, welche im Vergleich mit den früheren kaum die Hälfte von Brennmaterial verzehren."

(S. 116.) „**Ich wiederhole daher meine Ansicht, daß Oesterreich sich für einen ausgedehnten Dampfverkehr rüsten muß will es sich einen guten Antheil am Handel mit Indien und China sichern.**"

V. Die Artikel des Suezcanalhandels.

Die soeben allgemein aufgestellten Berechnungen haben wir nun auf die einzelnen Artikel des asiatisch-europäischen Handels anzuwenden, um darnach zu beurtheilen, in welchem Grade sie sich für den Transport durch den Suezcanal eignen oder ob sie auch in Zukunft zweckmäßiger um das Cap der guten Hoffnung geführt werden. Manche werden ganz und gar, andere nur für gewisse Strecken canalfähig sein und hierbei sind die Häfen der Westküste Vorder-Indiens eben so sehr die begünstigten gegenüber denen der anderen asiatischen Küsten, wie in Europa die Mittelmeerhäfen gegenüber den Atlantischen. Bei manchen Artikeln entscheiden besondere Verhältnisse zu Gunsten des directen Weges, so besonders der Verlust an Qualität und Quantität (Thee, Campher). Betreffs der Conjuncturen darf man darauf rechnen, daß ihre Benutzung durch die Speculation, indem sie einerseits weniger kostbare Artikel zum schnelleren Transport heranzieht und andererseits kostbarere dem langsameren überläßt, im Ganzen doch die Gesammtmasse des Canaltransits eher vermehrt als vermindert. Der Grund für diese Annahme liegt in der relativen Höhe des zu erringenden Vortheils. Durch den schnelleren Transport bei günstigen Conjuncturen kann der Speculant seiner Waare auf der Stelle einen wesentlich besseren Verkaufspreis verschaffen, während er dagegen durch den langsameren Transport bei ungünstigen Conjuncturen nur den Vortheil einer billigeren Fracht gewinnt.

Endlich ist zu beachten, daß zwischen den Massen, die nach der einen und die nach der andern Richtung hin auf jedem der beiden Wege geführt werden, ein gewisses Gleichgewicht stattfinden muß. Ueberwiegt die Befrachtung in der einen Richtung, sei es auf dem Wege der Dampfer oder auf dem der Segelschiffe, so müssen die auf die größere Masse eingerichteten Schiffe den Rückweg zum Theil in Ballast machen. Die Folge davon ist, daß in dieser Richtung die Fracht billiger, in der anderen theurer wird und daß sich dadurch das verloren gegangene Gleichgewicht bald wieder herstellt. Dieses Verhältniß von Hafen zu Hafen zu verfolgen, dürfte für unsere Betrachtungen nicht erforderlich sein, und wir begnügen uns daher, den Export Europas nach Asien und den Import von Asien her, soweit sie den Canal benutzen, im Ganzen gegen einander abzuwägen.

V. Die Artikel des Suezcanalhandels.

Der Export Europas nach Asien bewegt sich in Extremen, da in ihm große Massen sehr kostbarer Artikel neben den allerbilligsten enthalten, die Mittelwerthe dagegen nur sparsam vertreten sind. Er besteht der Hauptsache nach aus 5 Classen von Waaren: 1) Manufacturen von Seide, Wolle, Baumwolle und Leinen; 2) Waaren aus Stahl, Eisen und anderen Metallen, auch besonders Waffen; 3) Holz-, Glas-, Leder-, Kurzwaaren u. dgl. m.; 4) Schiffs- und Eisenbahnbedarf (besonders für das englische Indien); 5) Steinkohlen (hauptsächlich für die Dampferlinien). Die Waaren der ersten drei Classen gehören größtentheils zu den sehr kostbaren, deren Werth die Grenzwerthe für die Canalfähigkeit oft weit übersteigt. Die Steinkohlen sind hingegen entschieden auf den Segeltransport um das Cap der guten Hoffnung angewiesen. Zwischen beiden halten sich nur die Waaren der vierten Classe, die daher auch beim Schwanken der Conjuncturen am leichtesten von dem einen Wege zum anderen übergehen werden.

Die Artikel der drei ersten Classen, von denen Deutschland bedeutende Massen producirt, gingen bisher leider nur selten auf deutsche Rechnung an England vorüber direct in den großen Handel, sondern nach England, um von da mit neuem Stempel auf englische Rechnung weiter zu gehen*). Jedermann sagt sich, daß dabei der englische Kaufmann den größten Vortheil haben muß, aber doch besiegte bisher die Macht des englischen Capitals die Concurrenz des deutschen Unternehmungsgeistes. Wie aber nun, da sich die Sachlage umkehrt? da die englischen Waaren zum Theil geradezu durch Deutschland gehen müssen, wenn sie nicht zu ihrem Nachtheil den Umweg um Spanien nehmen wollen? Sollen künftig auch in Venedig deutsche Tuche, Cattune und Stahlwaaren den englischen Stempel bekommen, oder wird endlich Deutschland sich entschließen, die eigenen Producte auch auf eigene Gefahr in den Handel zu bringen?

Die Gelegenheit, seinem Handel eine größere Selbständigkeit zu erringen, ist günstig. Müssen doch jetzt die englischen Fabriken darauf bedacht sein, entweder in Venedig mit den deutschen oder in Marseille mit den französischen, jedenfalls in Port Saïd mit den festländischen concurriren zu können. So würde man eher erwarten (wenn auch vergeblich), daß auf deutsche Rechnung englische Waaren bezogen würden, um sie von Venedig aus in den indischen Handel zu bringen, als umgekehrt. Es ist dringend geboten, alle nach dieser Richtung hin wirkenden Hülfsmittel mit aller Kraft und Entschiedenheit zur Anwendung zu bringen.

---

*) V. Scherzer (a. a. O. S. 190) erzählt: „alle aus Deutschland kommenden Schafwollenwaaren werden in England neuerdings verpackt und auf britischen Schiffen (nach China) eingeführt."

Auch in Asien liegen die Verhältnisse günstig genug, um zu Hoffnungen dieser Art zu ermuntern.

Von Scherzer sagt über den chinesischen Handel (a. a. O. S. 213.): „Leider wird dies ergiebige Feld von der Industrie und dem Handel Deutschlands noch bei weitem nicht in dem Maaße cultivirt, als man es von der gewerblichen und commerciellen Tüchtigkeit der deutschen Nation erwarten sollte."

„Daß es ihr nicht an Unternehmungsgeist und Ausdauer fehlt, daß hier andere Umstände ihrer Regsamkeit hemmend in den Weg treten müssen, beweist am besten die Thatsache, daß beinahe ³/₄ der ganzen Schifffahrt zwischen den verschiedenen Küstenplätzen Chinas durch deutsche Schiffe (unter Hamburger, Bremer, mecklenburgischer und oldenburgischer Flagge) besorgt wird. Dieselben haben nämlich meistens nur 3—400 Tonnen Gehalt, eine Größe, welche nicht nur für die Küstenschifffahrt die zweckmäßigste ist, sondern sich auch am passendsten für Fahrten nach Australien, nach den Inseln des Philippinen-Archipels u. s. w. eignet. Zugleich geben die den Küstenhandel fast ganz beherrschenden chinesischen Kaufleute deutschen Schiffen vor allen anderen aus dem Grunde den Vorzug, weil deren Capitäne nicht bloß das eigene Interesse, sondern auch jenes ihrer Kundschaften zu wahren sich bemühen. Diese Kaufleute ziehen es vor, Waaren, die sie von einem Hafen nach dem andern schicken, auf europäische Schiffe zu verladen, da sie einerseits dadurch größere Sicherheit gegen Seeräuber und Stürme erlangen, andererseits die Ladungen versichern können. Diese Cabotage ist fast ganz in deutschen Händen und wird wahrscheinlich noch einen bedeutend größeren Umfang gewinnen, wenn das chinesische Gouvernement die Bestimmung aufhebt, daß chinesische Waaren, welche auf europäischen Schiffen von einem chinesischen Hafen nach dem andern geführt werden, einen doppelten Zoll, nämlich Export- und Importzoll bezahlen müssen". Andererseits ist der Küstenhandel auf Dampfschiffen noch ausschließlich in britischen Händen (China and Japan Repository 1865). Auch an dem Bombayhandel nehmen die Deutschen bereits lebhaften Antheil.

Man sieht also, wie die Elemente eines höheren Aufschwunges unseres Handels in Asien vorhanden sind und welchen Erfolg eine entschlossene Benutzung der Vortheile, welche der neue Handelsweg bietet, uns bringen muß.

Bisher lagen die Hindernisse für die Entwickelung des chinesischen Handels bei vielen dieser Artikel in der weiten Entfernung. Bei Zeugstoffen z. B. entscheidet bekanntlich nicht allein die Güte des Fadens oder die Solidität des Gewebes, sondern wesentlich auch das Ansprechende des Musters oder der Farbe über die Aufnahme und den Absatz, den ein Artikel am Markte findet. Der Geschmack ist aber, wie bei uns

V. Die Artikel des Suezcanalhandels.

so auch in China und Indien, der Mode unterworfen, nur daß dieselbe in jenen Gegenden noch nicht von Paris aus dictirt wird. Waaren, die dem Geschmack der Saison nicht entsprechen, werden nur schwachen Absatz finden und dem Verkäufer nur wenig Nutzen, vielleicht gar Verlust bringen. Und dies war früher fast regelmäßig das Schicksal der deutschen gemusterten Stoffe im chinesischen Handel, erst anzukommen, wenn die Mode bereits vorüber war. Jetzt sind die Aussichten weit günstiger. Die Telegraphen bringen im Moment die Nachrichten und Bestellungen nach Europa, Muster kommen per Ueberlandpost und fast ebenso schnell bringt künftig der Frachtdampfer auf directem Wege die eiligst gefertigte Waare an den Ort ihrer Bestimmung. Ist zwar in neuerer Zeit bei uns mit dem schnelleren Pulsiren des Lebens und des Verkehrs auch das Tempo des Modenwechsels ein beschleunigtes geworden, so scheint doch China in dieser Beziehung noch so weit zurück und so stabil zu sein, daß das Leben einer und derselben Mode noch eine längere Zeitdauer hat, als künftig für die Ordre nach und die Sendung von Europa erforderlich ist. Ergreifen wir also den günstigen Augenblick, unsern directen Export nach dieser Richtung hin zu vermehren, an Gelegenheit zu dem entsprechenden Import wird es nicht fehlen.

Unter den Importartikeln, die durch Masse Bedeutung haben, ist der kostbarste die

Seide.

Sie wird schon jetzt von Hongkong nach England fast ausschließlich per Ueberlandpost und via Marseille expedirt, zu dem enormen Frachtsatz von 90 Doll. spanisch oder 135 Thlr. preuß. pr. 50 Cubikfuß oder 7 Ctr. Sie wird also auch in Zukunft am besten von den Mittelmeerhäfen aus den europäischen Continent betreten. Den größten Seidenexport hat bekanntlich China, wo er etwa 90,000 Ctr. von 60 Mill. Thlr. Werth beträgt; Japans Export ist etwa $1/4$, Ostindiens $1/8$ davon.

„Männer, welche mit dem chinesischen Handel und dem Seidenexport wohl vertraut sind, empfehlen den deutschen Seidenhändlern, ihren Bedarf an Rohseide anstatt aus England direct aus China zu beziehen, um auf diese Weise die bedeutenden Unkosten zu vermeiden, mit welchen die Engländer diesen Grundstoff belasten" (v. Scherzer, a. a. O., S. 128) (vergl. Handelsberichte der preuß. ostasiatischen Expedition, S. 114—116). Nach demselben Autor ist der von der Seidenindustrie repräsentirte Werth (1863):

in England 250 Millionen Frs.
„ Frankreich 500 „ „
„ der Schweiz 150 „ „
„ Oesterreich 200 „ „
„ Preußen 100 „ „

England exportirt für 75 Mill. Fr., Frankreich für ca. 400 Mill., zum großen Theil nach Deutschland. Für dessen eigene Industrie ist also noch ein bedeutender Markt im Lande selbst zu erobern.

Wichtiger für den Suezcanal, wenn auch vielleicht nicht für Deutschland, ist der

Thee.

Den Preis desselben an Bord in Hongkong berechnet v. Scherzer auf $1^{1}/_{3}$ s pr. 1 Pfd. = 44 Thlr. pr. Ctr. Doch gehören zur Ausfüllung von 50 Cubikfuß Raum (1 Ton) nur 10 Ctr., so daß also für die obigen Berechnungen der Preis von $^{1}/_{20}$ Ton nur 22 Thlr. betragen würde, wonach der Thee zwar mit Vortheil nach den Mittelmeerhäfen, nicht aber nach Southampton und den Nordseehäfen pr. Canal zu spediren wäre. So werthvoll es nun auch ist, wenn Deutschland seinen Bedarf an Thee (ca. 2,000,000 Pfd.) über Venedig direct und darum billiger bezieht, so ist dies Quantum doch verschwindend gegen die ungeheure Menge, die in England von diesem Artikel consumirt wird und die sich jährlich auf etwa 120 Mill. Pfd. oder (dem Raume nach) auf 120,000 Tons beläuft.

Der Theetransit ist für den Suezcanal eine Frage von hoher Bedeutung, einestheils wegen des Canalgeldes, welches allein $1^{1}/_{4}$ Millionen Francs ausmachen würde, anderntheils, weil das in ihm liegende ungeheure Capital (etwa 200 Millionen Francs) die Handelsbewegung nach dem Canal hin auch in anderen Beziehungen außerordentlich heben würde. Der Verlust des Theetransits wäre mithin ein schwerer Schlag für das Gedeihen des Canals.

Indessen finden sich im Theehandel auch Seiten, die für den Transport durch den Canal sprechen. Zunächst, daß für ihn die Conjuncturen sowohl in England wie in China von großer Bedeutung sind und daß demzufolge ein schneller Transport oft von unberechenbarem Werthe ist. So sind z. B. nach dem „Rückblick auf das Jahr 1868" im Laufe desselben in Bremen die Preise für Peccothee um $^{1}/_{4}$—$^{1}/_{3}$ Thaler per Pfund gestiegen.

Ferner ist bekanntlich der Thee eine sehr empfindliche Waare und noch immer, und wohl nicht mit Unrecht, hegen viele die Meinung, daß der russische Thee vor dem englischen den Vorzug verdiene, nicht weil er aus besseren Theegegenden Chinas komme, sondern weil er über Land statt über See transportirt sei. Nicht nur die Qualität, die freilich schwer in Rechnung zu setzen sein würde, sondern auch das Gewicht erleidet auf der langen Reise nach England einen Verlust und v. Scherzer berechnet dafür bis London regelmäßig 3 pCt. Es muß doch mehr als wahrscheinlich erscheinen, daß diese Nachtheile mit der Dauer der Reise in Proportion

V. Die Artikel des Suezcanalhandels.

stehen, und unter dieser Voraussetzung reducirt sich der Gewichtsverlust beim Suezcanaltransport auf kaum die Hälfte. Werden diese so gewonnenen 1½ pCt. des Verkaufswerths oder etwa 2 pCt. des Einkaufswerths mit in Anschlag gebracht, so geht der Grenzwerth für den Canaltransport auf 21 Thlr. pr. $\frac{1}{20}$ Ton, so daß dann, auch abgesehen von Conjuncturen, der Thee entschieden zu den canalfähigen Artikeln gehörte.

Wenn man dagegen die Befürchtung aufstellt, daß der Thee von dem Oelgeruch der Maschine des Dampfschiffs leiden könnte, so dürfte doch einerseits kein Zweifel darüber herrschen, daß sich dies werde vermeiden lassen, und andererseits kann man schon jetzt prüfen, ob dem so ist, da nach Frankreich der größte Theil des Thees bereits pr. Dampfer über Marseille eingeführt wird.

Diese beiden Producte, die Seide und der Thee, sind Specialartikel der beiden Länder China und Japan, der entferntesten Punkte des Handelsgebiets, zu dem der Suezcanal uns den kürzesten Zugang eröffnen soll. Die ostindischen Thees, die durch Robert Fortune in den nordwestlichen Provinzen Indiens am Fuße des Hymalaja und namentlich im Pendschab angepflanzt sind, sind bisher noch nicht eigentlich auf den europäischen Markt gelangt. Vermuthlich werden sie von Calcutta aus nicht mit den chinesischen concurriren können, vielleicht aber, wenn erst die nöthigen Verbindungen hergestellt sind, von Bombay oder Currachee aus, Orte, die für den Suezcanalhandel sehr viel begünstigter liegen als Calcutta.

Bei den übrigen Waaren, deren Production weniger eng begrenzt ist, versuchen wir, aus den Preisen zu berechnen, von welchen Plätzen aus sich ihr Import pr. Canal empfiehlt und von welchen der ums Cap der guten Hoffnung. Die Preise dieser Waaren sind größtentheils berechnet nach einem ausführlichen Bericht über den englischen Handel des Jahres 1867, enthalten im Preuß. Handelsarchiv 1868, II. Nr. 40, S. 400 und in anderen Nummern. Dort ist das Gewicht der eingeführten Artikel nebst ihrem Werthe angeführt und daher die Berechnung eines Durchschnittswerths leicht.

Um zugleich eine ungefähre Anschauung von der quantitativen Bedeutung der verschiedenen Artikel zu geben, führe ich die Zahlen über den englischen Import mit an, wenn dieser auch keineswegs von Asien allein herkommt.

Artikel.	Gewicht in Ctr.	Werth in £.	à Ctr. in £.	Canalfähig v. d. Nordsee.	Canalfähig vom Mittelm.	Gewicht auf 1 Ton oder 50 Cbck. in Ctr.
Seide, rohe	58,497	7,556,462	860	ganz	ganz	7
— gezwirnt	1,962	439,967	1495	—	—	(?)
— indische	598	930,967	10378	—	—	(?)
Thee	1,280,268	10,067,813	52,5	bis Point de Galle	—	10
Kaffee, britischer	1,037,924	3,500,000	22,5	—	—	20
— vom Ausland	339,373	850,000	16,7	bis Bombay	—	20
Wolle, rohe	2,337,032	16,178,034	46	bis Singapore	—	7
— Fabrikate	(?)	2,300,000	—	—	—	?
Gewürze	27,000	140,000	34,5	ganz	bis Zanzibar	20
Pfeffer	139,139	205,370	9,8	nicht	bis Point de Galle	20
Rum (1 Gall. = 7 ℔ gesetzt)	478,185	692,366	7,5	—	bis Bombay	20
Reis (geschält)	2,773,656	2,028,817	4,8	—	ganz	?
Guttapercha	15,000	94,000	41,8	ganz	—	20
Farb- und Gerbstoffe	1,000,000	4,600,000	30,7	bis Eumba	bis Calcutta	20
Kautschuk	79,756	700,000	58,5	ganz	bis Bombay	?
Palm-Cocos-Oel	1,000,000	1,876,000	12,5	nicht	bis Bombay	20
Jute	1,582,161	1,414,000	6,0	—	bis Zanzibar	20
Baumwolle, rohe	11,272,651	52,000,000	30,8	ganz	ganz	7
Häute	975,168	3,104,246	21,7	nicht	(?)	?
Zinn	10,343	360,520	232	—	ganz	20
Salpeter	108,595	481,344	29,6	ganz	—	20
Zucker	—	—	2	(?)	bis Bombay	20
Schellack	—	—	5	nicht	bis Bombay	20
Gallöpfel	—	—	18	—	bis Eumbastr.	20
Kupfer	—	—	9	—	bis Zanzibar	20
Campher	(verdampft)	—	30	—	—	20
Rhabarber	—	—	25	—	ganz	20

Man wird also von England aus ohne Conjuncturen per Suezcanal beziehen können: Seide, Thee, Gewürze, Guttapercha, Kautschuk, Campher, Rhabarber, Zähne, Zinn, Kupfer, die meisten Farb- und Gerbstoffe u. a. m.; von der Westküste Indiens her: Kaffee und Schellak u. a. m. Dem Mittelmeere bringt diese letzteren Artikel der Suezcanal mit Vortheil von allen Küstenpunkten des Indischen Oceans, von den näheren außerdem noch: Pfeffer, Rum, Reis, Palm- und Cocosöl, Zucker, Galläpfel, Jute und ganz besonders Baumwolle.

Eine erhöhte Bedeutung werden die bisher wenig productiven nordwestlichen Küsten des Indischen Oceans erlangen und besonders wohl für die Production des Kaffees, der von dort mit Vortheil auch bis in die atlantischen Häfen Europas geführt werden könnte. Sind doch eben jene Länder die Heimath des Kaffeebaums, der von hier aus zuerst nach den Sundainseln, dann über Europa nach Westindien verpflanzt worden ist. Noch heute hat der Kaffee des glücklichen Arabiens, der von Mokha aus in den Handel kommt, den Vorzug der Qualität vor allen übrigen, wogegen freilich die Quantitäten der dortigen Production hinter denen der holländischen und englischen Colonien weit zurückstehen. Die Ungunst des rothen Meeres und des Meeres von Aden für die Segelschiffe war es, welche den großen Handel von jenem Erdwinkel fernhielt, so daß der Kaffee nur in den Fahrzeugen der Araber nach Aegypten und von dort, bedeutend vertheuert, nach Europa kam. Es ist zu hoffen, daß unter dem Einfluß des Suezcanalhandels der edle Mokha regelmäßiger den Weg zu seinen Verehrern in Europa finde, ja, daß eine bedeutend vermehrte Production desselben wesentlich günstig auf Arabiens Handel, Cultur und Zugänglichkeit einwirke.

Welches ist nun der Umfang des Handels, der sich voraussichtlich auf dem Suezcanal bewegen wird? Der Werth der Ausfuhr britischer und irländischer Erzeugnisse (und diese werden ja hauptsächlich den europäischen Export bilden) beträgt

nach dem britischen Ostindien 21,844,619 £
„   China   5,000,000 „
„   Japan   1,500,000 „

im Ganzen etwa 28,000,000 £

Nehmen wir an, da die Angaben über das Gewicht oder den eingenommenen Raum mir fehlen, daß 1 Ctr. dieser Waaren durchschnittlich den Werth von 14 £ habe, so ist das Gewicht des englischen Exports durch den Canal = 2,000,000 Ctr. oder, da von diesen Waaren wohl nur 10 Ctr. auf 50 Cubicfuß gerechnet werden dürfen, = 200,000 Tonnen, wovon ³/₄ nach Ostindien und ¹/₄ nach China und Japan kommen. Die noch dazu tretenden Posten aus Frankreich und Deutschland mögen in diesen Artikeln zusammen vielleicht nur den fünften Theil davon ausmachen, das Quantum also auf 240,000 T. erhöhen.

Aus Asien würden den Canal passiren nach England:

Artikel.	Ort.	Ctr.	Tons.	Werth ₰.
Seide, rohe	China ꝛc.	60,000	9,000	52,000,000
Thee	„	1,280,000	128,000	56,000,000
Kaffee	Bombay, Ceylon, Madras	700,000	35,000	15,000,000
Wolle	Bombay	330,000	50,000	4,000,000
Gewürze	versch.	27,000	1,350	900,000
Gutta Percha	Singapore	15,000	750	600,000
Farb= u. Gerbst.	versch.	500,000 (?)	25,000	15,000,000
Zinn	Sundastr.	108,000	5,400	3,000,000
		3,020,000	254,500	146,500,000

Setzen wir den Transit nach den übrigen atlantischen und den Mittelmeerhäfen im Ganzen einem Drittel der aufgeführten Massen und Werthe gleich, so giebt dies zum Continent:

1,000,000 Ctr.   85,000 Ton.   49,000,000 ₰.

In Summa   4,000,000 Ctr.   340,000 Ton.   195,000,000 ₰.

Wir finden also auf Seiten der asiatischen Waaren einen bedeutenden Ueberschuß von canalfähigen Artikeln von etwa 100,000 Tons. Dieser wird aller Wahrscheinlichkeit nach einigermaßen ausgeglichen, theils durch die Beförderung der kostbareren Waaren des nach Australien bestimmten Europäischen Exports pr. Suezcanal, theils durch Hereinziehung der vierten Waarenclasse desselben (Schiffs= und Eisenbahnbedarf) in den Canaltransport in Folge ermäßigter Frachtsätze, theils endlich durch Beförderung einiger canalfähiger asiatischer Producte um das Cap der guten Hoffnung.

So möchte denn, abgesehen von dem Personenverkehr und der Spedition der für Suez bestimmten Steinkohlen, der Transit von jeder Seite etwa 350,000 Tonnen betragen, was eine Einnahme von 7 Mill. Francs ausmachen würde. Kommt davon 1 Million auf die Instandhaltung, so bleiben 2 pCt. des Anlagecapitals als Dividende übrig.

Ich führe die Rechnungen bis auf diesen Punkt aus, weil der Antrieb dazu unabweisbar nahe liegt, nicht weil ich ihre Zuverlässigkeit überschätze. Der Verkehr ist nirgends eine constante Größe, überall ist er in fortschreitender oder rückschreitender Entwickelung begriffen. So ist auch hier eine anhaltende und intensive Fortentwickelung zu erwarten. Die Speculation bemächtigt sich, weil die Zeit von Jahr zu Jahr höheren Werth erhält, immer mehr und mehr des directen Weges, die Dampfschiffstechnik schreitet vor, der Verbrauch der Austauschartikel wächst, die Production der begünstigten Länder steigert sich, die auf dem Isthmus stattfindende Handelsbewegung macht ihn selbst zu einem mächtig anziehenden Handelsmittelpunkt und in Folge alles dessen findet ein stetiges Wachsen des Verkehrs auf der neuen Wasserstraße statt.

Die Befürchtung, daß durch diese Mitbetheiligung des Suezcanals der Handel auf dem Wege um das Cap der guten Hoffnung leiden werde, ist nur zum Theil berechtigt. Allerdings werden die kostbareren Waaren ihm entzogen und dadurch im Allgemeinen ein Druck auf die Frachtsätze ausgeübt. Dagegen wird die Masse des Transports nicht vermindert, da für jede Ton Waare, die durch den Suezcanal geht, durchschnittlich 1 Ton Steinkohle zum Transport verbraucht wird, und zwar ungefähr $1/3$ diesseits und $2/3$ jenseits des Isthmus von Suez. Außerdem bleibt die große Masse der eigentlichen Stapelartikel vorläufig wenigstens noch auf dem alten Wege.

An diesem letzteren Handel sich zu betheiligen, ist Deutschland auch künftig in derselben Lage wie bisher; der große Vortheil aber, den es durch den Suezcanal gewinnt, ist, daß ein Handel im Gesammtwerthe von mehr als 400 Millionen Thalern auf einen Weg gelenkt wird, der das deutsche Handelsgebiet an zwei entgegengesetzten Küsten berührt und zum Theil sogar durch dasselbe hindurchgeht. Deutschlands Lage wird dadurch auf die Dauer eine für den asiatischen Handel sehr begünstigte, und dieser Umstand kann, bei zweckmäßiger Benutzung, auf die Entwickelung des Wohlstandes in Deutschland den größten und vortheilhaftesten Einfluß ausüben.

VI. Die Handelswege innerhalb Europas.

Wird der Continent von Europa künftig die Waaren Indiens von Norden oder von Süden her erhalten? Dies ist eine Frage, die sich unmittelbar an die Suezcanalfrage anknüpft. Bisher hat die ungeheure Macht des englischen Handels und Capitals die indischen Waaren unwiderstehlich angezogen und sie gezwungen, fast ausschließlich von der Nordwestseite her den europäischen Continent zu betreten. Frankreich, Holland und die norddeutschen Seestädte unterstützten diese Bewegung des Handels zu eignem großen Vortheil, während in den Häfen des Mittelmeeres nur ein mehr localer Verkehr sich entwickeln konnte, der im Vergleich zu dem Glanz und dem Reichthum dieser Städte im Alterthum und Mittelalter als ein schwaches Ueberbleibsel, als eine dem gänzlichen Verfall entgegengehende Ruine erschien.

Der Glanz der südeuropäischen Handelsstädte liegt eben in einer Zeit, wo das Mittelmeer den Weg für die wichtigsten Handelsartikel bildete, wo der Ocean noch unbetreten oder wenigstens unüberwunden dalag und den europäischen Continent von der Nord= und Westseite her wie eine Wüste umgab. Mit der Entwickelung der Schifffahrt, mit der Eröffnung des Atlantischen Oceans bereitete sich vor, mit der Entdeckung des neuen Continents und des Seewegs nach Ostindien entschied sich der Verfall des Mittelmeerhandels. An seine Stelle trat der Welthandel, den zuerst Spanien und Portugal, dann Holland und England mit Erfolg an sich rissen und der bisher zu den Küsten des Mittelmeers (mit Ausnahme von Marseille) noch keinen Zutritt gefunden hat.

Hielten sich auch Venedig und Genua noch mehrere Jahrhunderte hindurch in Reichthum, Glanz und Macht, so war doch ihr Leben nur das langsame Dahinschwinden eines ehemals kräftigen Organismus, dem die Basis seiner Kraft, und dies war der indische Handel, immer mehr und mehr entwich. Und in gleichem Schritt wuchs und sank der deutsche Zwischenhandel, denn damals war Deutschland der natürlichste und kürzeste Weg für die südländischen Waaren zu den Ländern des Nordens.

Der Handel, der Reichthum und die Macht der italienischen und mitteldeutschen Städte wurden später, als sich die Wege des Verkehrs änderten, das Erbtheil Hollands und Englands. Beide Länder, namentlich England, stehen jetzt nach Jahrhunderten im Besitz ungeheurer Reichthümer, hoher Betriebsamkeit, trefflicher Häfen und zahlreicher Colonien. Aber besonders haben sie vor Deutschland den Vortheil der geographischen Lage voraus, so lange der Welthandel seinen Zugang zu Europa nur vom Westen her findet. Eben so lange mußte daher Deutschland vergebens sich abmühen, den Kampf mit ihnen auf commerciellem Gebiete zu bestehen.

Sollte darin nicht aber ein wesentlicher Umschlag bevorstehen, sobald zur Eröffnung des Atlantischen Oceans auch die des Indischen kommt? Stehen wir in Ansehung des Handels mit Indien und China nicht von Neuem so, wie einst im Mittelalter? Ist jetzt nicht der Weg durch Deutschland der natürlichste und kürzeste für die südländischen Waaren zum europäischen Norden? Sind nicht die deutschen Eisenbahnen im Stande, die Waaren, welche das Mittelländische Meer bringt, mit größter Geschwindigkeit weiter zu führen und sie an ihren Bestimmungsort zu bringen, wohl 10 Tage früher, als wenn sie erst zu Dampfschiff den Weg durch die Straße von Gibraltar nach der Nordsee machen sollten?

Dieser Einfluß des Suezcanals ist ja auch ein längst vorhergesehener. Er ist es, der die Parteistellung der europäischen Nationen zu demselben, den Haß Englands und die Protection Frankreichs veranlaßt hat. Er ist es, der die Verhältnisse der Concurrenz zwischen den verschiedenen Ländern Europas wesentlich zu verändern verspricht und der daher die nächste Zeit der Entwickelung besonders geeignet macht, dem deutschen Handel eine größere Selbständigkeit und Entfaltung zu erringen. Freilich hätte dieser Moment längst kräftiger vorbereitet werden können; doch fußend auf der gegenwärtigen Lage der Dinge wird es noch immer möglich und um so mehr erforderlich sein, alle Hindernisse, die sich noch heute der neuen Handelsbewegung entgegenstellen, energisch zu bekämpfen und aus dem Wege zu räumen.

In den Handelsverhältnissen Europas scheint sich durch den Suezcanal eine Art Gleichgewicht herstellen zu sollen. Die nordwestlichen Küsten des Erdtheils bleiben immer die begünstigten für den occidentalen oder amerikanischen Handel, die südlichen werden es für den orientalen oder asiatischen und die centralen Länder haben die Vermittelung zwischen beiden zu übernehmen.

Freilich ist diese Vermittelung dadurch beschränkt, daß der Transport per Eisenbahn sehr viel theurer ist als der zur See, wenn auch per Dampfschiff. Von Hamburg nach Kufstein z. B. beträgt die Entfernung über Hannover, Kassel, Eisenach, Lichtenfels, Augsburg 137 Meilen, die Fracht per Centner

	Eilfracht	Normalfr.	Ermäß.Fr.
in Silbergroschen	104,3	42,3	23,3
in Pfennigen ..	1252	508	280
per Meile	9	$3^{2}/_{3}$	2
per Ton u. Sml.	45	$18^{1}/_{3}$	10

Nur für den Transport von Steinkohlen ist der Tarif noch auf die Hälfte, d. h. auf 1 Pf. per 1 Centner und Meile oder auf 5 Pf. per Ton und Seemeile reducirt. In den obigen Berechnungen aber fanden wir die Transportkosten zur See nach Hamburg um 25 Fr. oder ca. 2400 Pf. pr. Ton geringer als nach Triest, und dies ergiebt, da die Wegdifferenz etwa 2220 Seemeilen beträgt, per 1 Ton und Seemeile wenig mehr als 1 Pf. Hiernach ist also die ermäßigte Eisenbahnfracht in Norddeutschland noch immer **zehnmal so theuer**, als die Dampfschifffracht — wenigstens sein könnte.

Viel schlimmer ist es noch auf den italienischen und österreichischen Bahnen, wo die Fracht ungefähr **doppelt so hoch** ist wie auf den zollvereinsländischen. Zwischen Benedig und Kufstein beträgt die Entfernung 60 Meilen und die Frachten

	Eilfracht	Normalfr.	Ermäß.Fr.	Sparrige Güter
in Kreuzern...	455	164	109	217
in Pfennigen ...	1092	394	262	521
per Ctr. u. Sml.	18	$6^{1}/_{2}$	$4^{1}/_{3}$	$8^{2}/_{3}$
per Ton u. Sml.	90	$32^{1}/_{2}$	$21^{2}/_{3}$	$43^{1}/_{3}$

Es läßt sich mit **einem Blick** übersehen, wie hinderlich dieser hohe Frachtsatz für die Benutzung der Mittelmeerhäfen durch den Zollverein werden muß. Da die nach der Nordsee canalfähigen Waaren nach Benedig um $1^{1}/_{4}$ Fr. pr. Ctr. oder 25 Fr. pr. Tonne billiger kommen als nach Hamburg und durch Zinsen und Seeversicherung auf dem directen Wege auch noch etwa $^{2}/_{3}$ pCt. des Werthes der Waare, sagen wir durchschnittlich 0,5 Fr. pr. Ctr., erspart werden, so beträgt der Unterschied in Kufstein an der österreichischen Grenze zu Gunsten des Mittelmeerweges:

	Eilfracht	Normalfracht	Ermäßigte Fracht
in Pfennigen	328	282	186
oder, berechnet nach dem nordb.			
Frachttarif: in Meilen	36	77	93

Für diese Waaren wird also 38—47 Meilen nördlich von Kufstein, d. h. etwa am Main, der Transport auf beiden Wegen gleich vortheilhaft sein. Wären aber die Frachten bei den österreichischen Bahnen dieselben wie bei den zollvereinsländischen, so würde ein solches Verhältniß im Allgemeinen erst 30 Meilen weiter nördlich, d. h. etwa auf der Linie Köln=Magdeburg=Berlin stattfinden.

VI. Die Handelswege innerhalb Europas.

Diese Grenze ist, wie leicht überblickt werden kann, für jeden Gegenstand je nach seinem Werthe eine andere, wie die folgende Tabelle zeigt. Sie enthält in der ersten Colonne den Werth der Waaren, in der zweiten den Betrag, um welchen dieselben von Bombay aus nach Venedig billiger als nach Hamburg kommen, unter Mitanrechnung des aus der Zeitersparniß fließenden Gewinns von $2/3$ pCt. des Werthes der Waare; in den folgenden Colonnen die Meilenzahl, um welche deßwegen die Grenzlinie der Handelsbezirke von Kufstein aus nordwärts liegt, für ermäßigte wie für normale Fracht, erstens unter Annahme eines mit dem norddeutschen übereinstimmenden gleichmäßigen Frachttarifs, zweitens unter Zugrundelegung der gegenwärtig bestehenden Frachttarife; endlich dasselbe für sparrige Waaren von Wichtigkeit, nämlich: Thee, Wolle und Baumwolle. Bei diesen Meilenangaben kann man der Krümmungen halber, die die Eisenbahnen machen, einen Breitengrad etwa zu 23 Meilen annehmen; so ist z. B. Hamburg von Kufstein ziemlich genau um 6 Breitengrade entfernt, per Eisenbahn aber 137 Meilen.

	Werth in ℳ pr. Ctr.	Ersparniß in Sgr. nach Venedig pr. Ctr.	Verbreitung, nördl. nach Entfernung norm. Fracht	ermäß. Fracht	Kufstein in M. nach Tarif norm. Fracht	ermäß. Fracht
	5	1 (gegen Segel)	40	41	17	7
	10	7 desgl.	50	59	27	23
	15	13 (gegen Dampf)	59	—	36	—
	20	14 desgl.	61	—	38	—
	30	16 desgl.	64	—	41	—
	40	18 desgl.	67	—	44	—
Sparrige Artikel:	50	20 desgl.	70	—	47	—
Wolle	46	40 desgl.	107	—	65	—
Baumwolle	30	21 (gegen Segel)	72	—	33	—
Thee (Hongkong) . .	50	30 (gegen Dampf)	87	—	52	—

Aus diesen Berechnungen geht hervor, welche Wichtigkeit der Mittelmeerhandel für Norddeutschland gewinnen kann, und es ist daher dringend geboten, von Seiten des Zollvereins auf die Beseitigung dieses abnormen Hindernisses der Handelsbewegung, des unverhältnißmäßig hohen Frachttarifs der österreichischen und nord-italienischen Eisenbahnen, aufs Nachdrücklichste hinzuwirken.

Zum Theil mag dieser hohe Tarif vielleicht begründet scheinen durch die viel größeren Schwierigkeiten des Terrains, z. B. in den Alpen, die beim Bau zu überwinden waren und die bei jeder Fahrt von Neuem zu überwinden sind; auch wohl dadurch, daß das Feuerungsmaterial für die Locomotiven erst aus weiter Ferne herangeschafft werden muß.

So muß die Brennerbahn ihre Kohlen entweder aus Böhmen oder über Venedig aus England beziehen. Aber denselben Tarif finden wir auch auf der Linie Bodenbach-Brünn, wo solche Uebelstände durchaus fortfallen. Diese Bahn hat weder ein besonders schwieriges Terrain zu passiren, noch ihre Kohlen fernher zu holen, da sie ihr vielmehr bei Dresden und Prag vor der Thür liegen. Es liegt daher nahe, zu vermuthen, und es dürfte als gewiß zu betrachten sein, daß die betreffenden Eisenbahnen weniger durch die Verhältnisse gezwungen, als vielmehr in kurzsichtiger Gewinnsucht befangen, ihren Tarif willkürlich so hoch normirt haben. Doch ist hoffentlich die Zeit nicht fern, wo die Nachtheile davon auch für die Bahnen selbst klar zu Tage treten werden, und dies wird sicher geschehen, **sobald erst die schweizerische Alpenbahn vollendet ist und die Concurrenz mit ihr eine Lebensfrage der Brennerbahn geworden ist.**

Die günstigeren Nachrichten über den Stand des Suezcanalbaus haben in neuester Zeit einen schnelleren Fortschritt der Alpenbahnfrage und die definitive Annahme des St. Gotthardtprojectes bewirkt. Es ist sehr zu bedauern, daß diese Bahn noch immer im Stadium der Projecte ist, daß sie nicht schon jetzt Deutschland mit dem Hafen von Genua verbindet und dessen Concurrenz mit Venedig wachruft. Hätte man mit dem Suezcanal zugleich den Bau dieser Eisenbahn begonnen, so stände Deutschland commerciell bereits mit ganz anderer Macht am Mittelmeer da und würde die österreichischen und italienischen Bahnen weit eher bereit finden, ihre Frachttarife um ein Beträchtliches zu ermäßigen, als dies unter den gegenwärtigen Verhältnissen der Fall ist.

Genua ist vollkommen geeignet und entschieden darauf hingewiesen, wie ehemals, mit Venedig um den deutschen Handel zu ringen. Es ist künftig per Eisenbahn von Schaffhausen ungefähr so weit entfernt, wie Venedig von Kufstein und nach dem nördlicheren Deutschland hin fällt jeder Unterschied der Entfernung fort. Von Genua nach Port-Saïd dauert die Reise um $1/2$ Tag länger als von Venedig, dagegen dürfte ersteres die Kohlen von Marseille oder von England her billiger erhalten, als seine Rivalin. Die Chancen für beide Hafenplätze halten mithin, nach Vollendung der St. Gotthardtbahn, einander so völlig die Waage, daß ihre Concurrenz zum Vortheil des deutschen Mittelmeerhandels und zum Vortheil der eigenen Entwickelung dieser Städte wahrscheinlich eine äußerst lebhafte werden wird.

Vorläufig freilich ist Genua von dem Transport der deutschen Waaren noch so gut wie völlig abgeschnitten. Die interimistische Bahn des Ingenieur Fell über den Mont Cenis ist der einzige verbindende Schienenweg, der es uns einstweilen nur etwas näher rückt als Marseille. In

VI. Die Handelswege innerhalb Europas.

etwa 3 Jahren kommt dazu die berühmte Tunnelbahn über den Mont Cenis und wohl erst geraume Zeit später würde auf die Vollendung der Gotthardbahn zu hoffen sein.*)

Für jetzt bleiben, abgesehen von Marseille, dem deutschen Handel nur Venedig und Triest. Wie Triest für Oesterreich und Ungarn, so ist für den Zollverein Venedig entschieden günstiger gelegen. Die Grenzlinie der beiderseitigen Handelsbezirke folgt ungefähr dem 32. Meridian, wie die Entfernungen per Eisenbahn von folgenden Orten nach beiden Hafenplätzen beweisen. Dieselben sind in Meilen von

	Linz	Prag	Dresden	Riesa	Berlin	Frankf. a. O.	Stettin
nach Triest	103	132	157½	164	187	176	189
„ Venedig	95	137	157½	151	166	177	184
Differenz	8	—5	0	13	21	—1	5

Außerdem sind vorläufig nach Venedig die Frachttarife der Eisenbahnen durchschnittlich viel niedriger als nach Triest.

Freilich bietet Triest dagegen einen vollständig eingerichteten Hafen mit Werften, Magazinen, Geldinstituten ꝛc., während in Venedig derartige Einrichtungen zwar nicht fehlen, aber doch weniger entwickelt sind. Doch täusche man sich deswegen nicht. Wenn je eine Stadt bewiesen hat, daß sie sich für den Seehandel eigne, so ist dies Venedig. Das Fahrwasser, der Raum und die übrigen Elemente für einen großartigen Handelsverkehr sind reichlich dort vorhanden, und es ist im Interesse des deutschen Zollvereins ebenso dringend anzurathen, daß man in Venedig die zweckmäßigen Einrichtungen für den Suezcanalhandel treffe, wie daß man eine Herabsetzung des Frachttarifs der Brennerbahn erwirke.

Triest's Bedeutung als Hafenplatz bleibt auf Oesterreich so gut wie beschränkt. Hierfür braucht es die Rivalität von Fiume nicht zu fürchten, auch wenn die Karstbahn bis dahin verlängert wird, da die Fahrt im Quarnero und zwischen den illyrischen Inseln hinter derjenigen im offenen Adriatischen Meere an Sicherheit weit zurücksteht. Die Karst-, Semmering- und Ofener Bahn verbinden Triest mit dem übrigen Oesterreich, dessen Industrie gegenwärtig blühend genug ist, um sich in Zukunft ebenfalls lebhaft an dem überseeischen Handel zu betheiligen. Namentlich dürfte der Ungarwein bestimmt sein, eine ruhmreiche Reise um die Welt

---

*) Vorläufig ist die dazu nöthige Zeit auf 8 Jahre veranschlagt. Es wäre sehr zu wünschen, daß schon früher wenigstens eine provisorische Linie, etwa wie beim Mont-Cenis hergestellt würde, um die Verbindung mit Genua sobald als möglich zu erreichen.

anzutreten. Auch wird es in Oesterreich nicht an der nöthigen Aufmerksamkeit und Schätzung für die Wichtigkeit der neuen Verhältnisse fehlen, da dort schon von Anfang an das Interesse für den Suezcanal ein reges war (Szarvady, 1859), und da immer wieder Männer wie v. Tegetthoff und v. Scherzer die Bedeutung desselben für Oesterreich hervorgehoben haben. Auch soll man nach den neuesten Nachrichten bereits damit umgehen, sofort nach Eröffnung des Suezcanals zunächst eine Frachtdampferlinie zwischen Triest-Bombay ins Leben treten zu lassen.

Mit den größten Erwartungen sieht Marseille der Eröffnung des Suezcanals entgegen. Ist derselbe doch, so zu sagen, expreß für diesen Hafenplatz erbaut, d. h. um den asiatisch-europäischen Handel so viel wie möglich, statt über London, künftig über Marseille zu legen. Schon jetzt ist dieser Hafen der erste Frankreichs und der erste des Mittelmeeres; doch war bisher sein Handel der Hauptsache nach nur auf dieses beschränkt. Jetzt wird es versuchen, den Producten der französischen Industrie, die in Europa wegen ihrer Zierlichkeit und des feinen Geschmacks ihrer Muster und Formen schon so viel Beifall gefunden haben, auch auf dem indo-chinesischen Markt Anerkennung zu verschaffen.

Der größte Vorzug, den der französische Hafen vor den italienischen voraus hat, ist der, daß hinter jenem ein offenes und auf jedem Schritt productives Land liegt, während diese durch die Alpen wie durch eine schwer zu durchbrechende Mauer von ihrem wichtigsten Hinterlande, von Deutschland, getrennt sind. Dazu kommt noch für Marseille der Reichthum an eigenen guten Steinkohlen. Gerade im Rhonethale finden sich Frankreichs bedeutendste Kohlenlager, deren Schätze der Industrie und dem Transportwesen der benachbarten Districte außerordentlich zu Gute kommen. Nur Gaskohlen werden von England aus zugeführt; dagegen scheinen sich ihrerseits wieder die Steinkohlen von Alais zum Export zu eignen. Wenigstens behauptet Quenstedt (Epochen der Natur. 1861. S. 422): „Dieser Reichthum wird durch Eisenbahnen zum nahen Rhonedelta geführt und bietet jeder Concurrenz im Mittelmeer Trotz." Eine solche findet allerdings in allen übrigen Häfen des Mittelmeeres mit siegreichem Erfolge durch die englische Steinkohle statt und dürfte daher bei vorkommender Gelegenheit auch von der deutschen aufzunehmen sein.

Für den französischen Mittelmeerhandel wird daher gewiß Marseille der dominirende und vorläufig fast der einzige Hafen bleiben. Liegt auch Genua über den Mont-Cenis hin von Macon und damit von Paris nicht weiter entfernt als Marseille und für die von dieser Linie östlich gelegenen Landestheile sogar näher, so ist doch der Transport über so schwierige Gebirgspässe immer kostbarer als der durch die Ebene und andererseits ist Marseilles großartiger Reichthum überwiegend genug, um die Concurrenz

Genuas auf ein Minimum zu beschränken.*) Einstweilen hat dieselbe nur einigen Werth für die Gegend östlich vom 24. Meridian, und besonders für die Orte, die von Genua aus über Genf am nächsten zu erreichen sind. Nach Eröffnung der Gotthardtbahn wird sie dagegen im Elsaß, Lothringen u. s. w. viel entschiedener werden, da dann Macon an der Saone und Mühlhausen im Elsaß etwa gleich weit vom Mittelmeer entfernt sind.

Gleichzeitig entscheidet dies auch über den Weg, den die **englisch-ostindische Post** und der sie begleitende Personenverkehr alsdann über den Continent zu nehmen hat. Mit Recht hebt in neuerer Zeit Italien die Bedeutung des Hafens von Brindisi für diesen Transport hervor und trifft dafür die nöthigen Vorbereitungen.

Ich citire aus der Vossischen Zeitung vom 26. Januar d. J.: „Die bevorstehende Eröffnung des Suezcanals veranlaßt die italienischen Blätter eine ganze Reihe damit in Verbindung stehender Verkehrsfragen zum Gegenstand ihrer Erörterungen zu machen. Es erscheint kaum eine Nummer einer der wichtigeren Zeitungen, welche sich nicht, sei es mit der **Verbesserung des Hafens von Brindisi**, sei es mit der Herstellung einer möglichst kurzen Eisenbahnlinie von Brindisi zum Brenner, beziehungsweise mit dem Bau der Linien Bologna-Verona oder Modena-Mantua, sei es mit der **Einrichtung internationaler Züge** zwischen Italien einerseits, Deutschland, Holland, England andererseits beschäftigte. Ueberall blickt ein Grundgedanke durch: Frankreich den Vortheil des Transports der englisch-indischen Post abzugewinnen. England ist hierin mit Italien völlig einverstanden, und die deutschen Staaten werden gewiß das ihrige thun, um den englisch-italienischen Plan zu verwirklichen und den Transport der indischen Post über deutsches Gebiet zu leiten. Aus einem Bericht des italienischen Generalpostdirectors geht hervor, daß die Reise von London nach Alexandrien sich bewerkstelligt in 176 Stunden über Marseille, in 148 über den Mont Cenis und Brindisi, in 150½ über Calais, Gent und den Brenner, in 151 über Ostende, Gent und den Brenner, also im letzteren Fall ohne Berührung französischen Gebiets."

Es kann übrigens keinem Zweifel unterworfen sein, daß schließlich die Gotthardtbahn diesen Postverkehr zu sich hinziehen muß, da derselbe über sie hin fast gradlinig den Weg von Brindisi nach Dover zurücklegen kann,

---

*) Im Jahre 1867 betrug die Handelsbewegung in den Häfen von
Marseille . . . . 3,593,849 Tons,
Genua . . . . . 1,106,930 „
Triest . . . . . 1,816,011 „
Venedig . . . . 117 Mill. Francs.
(Pr. Hand.-Arch. 1868.)

der dann freilich von Basel aus doch wieder ausschließlich durch französisches Gebiet geht. Auch dürften dann die Waaren des **englisch-ostindischen Handels**, soweit sie werthvoll genug sind, um mit Vortheil den Eisenbahntransport auf gerader Linie, statt des Dampfschifftransports um Spanien herum, tragen zu können, ihren Weg über Genua und die Gotthardtbahn nehmen. In dieser Hinsicht hat also auch England alle Ursache, das lebhafte Interesse zu theilen, welches sich gegenwärtig in Deutschland und namentlich in der Schweiz für die Herstellung dieser Bahn kundgiebt.

Ebensowenig, wie aus dem Aufblühen des Suezcanalhandels dem Handel um das Cap der guten Hoffnung eine Benachtheiligung erwächst, ebensowenig ist aus dem Aufblühen der Mittelmerhäfen eine entschiedene **Benachtheiligung der Nordseehäfen** abzuleiten. Ja! sollte nicht für die kostbareren Artikel der Fall eintreten können, daß sie durch die Häfen der Nordküste (Ostsee), statt wie bisher importirt, nun zu dem Norden Europas hin exportirt würden? Auch bleiben diesen Häfen die massenhafteren Artikel, die nach wie vor per Segel auf dem alten Wege kommen.

Werden ihnen aber etwa durch den neuen Concurrenten die Exportartikel nach Indien geschmälert, so ist um so mehr zu wünschen, daß es ihnen möglich werde, diese Lücke durch einen **vaterländischen** Artikel auszufüllen, dessen Exportfähigkeit schon lange eine brennende Frage ist. Ich meine die **westphälische Steinkohle**, der bald zu allen Nordseehäfen von Harburg bis Rotterdam gleichmäßig der Zugang eröffnet sein wird. Nach Ad. Gurlt, der in seiner Schrift „die deutsche Steinkohle als überseeische Handelswaare", Bremen 1868, diesen Gegenstand einer sehr gründlichen Erörterung unterzieht, hat zwar (S. 30) „die Ausfuhr westphälischer Kohle nach überseeischen Häfen, um mit der Cardiff-steam-coal zu concurriren, **gar keine Aussicht**." Doch führt derselbe Autor an (S. 34), „daß man für die Reise eines Schiffes in Ballast nach England und das Ausladen daselbst in den Weserhäfen durchschnittlich per Ton Inhalt 10 s berechne." Kommt dazu der Preis von 1 Ton englischer Dampfkohle mit etwa 10 s (S. 20), so ist es immer noch billiger, die Schiffe mit deutschen Kohlen zu befrachten, deren Kosten frei bei ans Schiff betragen würden (S. 30)

in	Stückkohlen	Nußkohlen	Melirte
Bremerhaven . .	19 s 3,6 d	16 s — d	14 s 0,86 d
Leer	16 „ 9,4 „	13 „ 7,18 „	12 „ 5,36 „
Amsterdam	16 „ 3,6 „	14 „ — „	12 „ 10,8 „
Harburg (künftig)	20 „ — „	16 „ 8,0 „	14 „ 9,0 „

Für die Richtigkeit dieser Berechnung sprechen auch die bereits, wenn auch sparsam und zum Theil mit unglücklichem Erfolge angestellten Exportver-

VI. Die Handelswege innerhalb Europas.

suche mit westphälischen Steinkohlen. Zwei der damit befrachteten Schiffe sind leider verbrannt. Doch sollte dies um so mehr dazu antreiben, die Eigenschaften der verschiedenen Arten westphälischer Steinkohlen genauer zu studiren und Einrichtungen zum besseren Verladen und Lüften derselben auf dem Schiffe zu treffen, nicht aber von dem Export dieser Waare überhaupt zurückschrecken. Der Steinkohlenexport ist nicht nur an und für sich von Wichtigkeit, sondern vorzüglich auch, weil er den Import anderer Artikel als Rückladung veranlaßt.

Dazu eignet sich, wie nur wenig anderes, die Baumwolle, da ihr Verbrauch in ähnlichen großen Massen stattfindet, wie der der exportirten Steinkohle. Der Steinkohlenexport und die Baumwollenindustrie würden mit einander Hand in Hand gehen. Als Markt dafür empfehlen sich besonders die Häfen des Suezcanals, Port-Saïd oder Ismaïliah. Die Entfernung ist nicht zu groß, daher keine Gefahr der Explosion, auch wenn die Kohlen dazu neigten, der Absatz von Dampfkohle sicher, und die Rückladung reichlich vorhanden, da Aegyptens Baumwollenproduction eine sehr bedeutende ist. Im Jahre 1867 betrug der englische Import roher Baumwolle (Pr. Hand.-Arch. 1868 II.):

aus den Vereinigten Staaten	528,000,000 Pfd.
„ „ Bahama Inseln	1,189,000 „
„ „ Guiana und Westindien	3,621,296 „
„ „ Venezuela	9,713,872 „
„ „ Brasilien	70,421,232 „
„ „ dem Mittelmeer	6,687,296 „
„ „ Aegypten	126,284,592 „
„ „ dem britischen Ostindien	498,317,008 „
„ „ China	527,184 „
Einfuhr	1,262,536,912 Pfd.

Die ägyptische Baumwolle gedeiht reichlich und ist von vorzüglicher Qualität. Die besten Sorten stehen nur der der Sea-Islands in Südcarolina nach und im Allgemeinen hält sich ihr Preis weit über dem der ostindischen und nur wenig unter dem der amerikanischen Baumwolle. Man hat jährlich drei Ernten (Guillemin a. a. O. p. 111), so daß vielleicht nirgends auf gleichem Flächenraum so große Massen gewonnen werden. Besonders sichert die Regenlosigkeit des Klimas das glückliche Einbringen der Ernten. Die Hauptorte für ihre Cultur sind Ober-Aegypten (die beste), das Fayoum und Mansurah. Von allen diesen Punkten ist der Transport nach Ismaïliah oder Port Saïd leichter als nach Alexandrien und eignen sich daher diese Punkte vortrefflich zum Laden von Baumwolle gegen Steinkohle. Bedingung wäre nur, daß die

Canalgesellschaft diesen Handel in etwas begünstigte, wenigstens in so weit, daß von Ismaïliah aus nicht das volle Canalgeld gezahlt würde.

Gelingt es, in dieser Art dem deutschen Handel einen sicheren und großartigen Waarenumsatz zu erwerben, so bringt die Neugestaltung der europäischen Handelsverhältnisse durch den Suezcanal den deutschen Nordseehäfen keinen Verlust, der nicht durch diese ihnen neu zuwachsenden Vortheile reichlich ersetzt würde.

VII. Die Ausnutzung des Canals.

Die Vortheile, die nach den obigen Untersuchungen aus der Benutzung des Suezcanals gezogen werden können, würde sich Deutschland ganz oder zum Theil entgehen lassen, wenn es in dieser Angelegenheit weniger energisch vorginge, als die Verhältnisse es verlangen. Eine abwartende Haltung beobachten, ich wiederhole es, hieße in der That nichts anderes, als diese Vortheile vorläufig oder für immer opfern und anderen, entschiedeneren Nationen die Früchte in den Schooß werfen, die Deutschland selbst ernten könnte. In der Neugestaltung der europäischen Handelsverhältnisse, wie sie bevorsteht, hat sich jedes Volk erst von Neuem seinen Platz zu erringen; einmal errungen aber, wird es ihn den später Kommenden gegenüber mit viel größerer Leichtigkeit behaupten können. Hat erst einmal der deutsche Handel auf dem neuen Wege festen Fuß gefaßt und Wurzel geschlagen, so wird er dort auch weiter wachsen und jeder Concurrenz fremder Nationen auf dem errungenen Gebiete zu trotzen wissen. Auf der anderen Seite wird es ihm aber ebenso schwer werden, sich überhaupt geltend zu machen, wenn er den Italienern, Engländern oder Franzosen den Vorsprung gelassen hat.

Es genügt daher nicht, den einzelnen Handeltreibenden die Ausnutzung der neuen Verhältnisse zu überlassen, zu empfehlen und durch die gewöhnlichen commerciellen und politischen Mittel (Consulate und Handelsverträge) zu erleichtern. Das Wagniß jeder einzelnen Unternehmung bleibt trotz alledem viel zu groß, um nicht die Meisten von der Betretung des neuen unvorbereiteten Weges zurückzuschrecken. Wo neue Wege gebrochen werden sollen, auf denen sich der Handel ganzer Nationen zu bewegen hat, da reichen die Anstrengungen Einzelner nicht aus, da muß das Werk mit vereinten Kräften angegriffen werden. Einzeln würden die Interessirten schwerlich im Stande sein, alle die Hindernisse zu überwinden, die sich einer vortheilhaften Benutzung des neuen Handelsweges von deutscher Seite her noch entgegenstellen. Vielleicht würden sie genöthigt sein, ihre Waaren über Triest oder Marseille zu schicken, weil es von Venedig aus noch an einer Dampfschiffverbindung mit Aegypten fehlte; vielleicht würde ihnen auf fremden Schiffen eine überhohe Fracht abgefordert, welche die gehofften Vortheile in Nachtheile verwandelte.

Nur Großartigkeit des Unternehmens kann hier schnell und entschieden durchhelfen. Wenn in der kaufmännischen Welt Deutschlands eine Vereinigung herzustellen wäre zur gemeinsamen Ausnutzung des neuen Handelsweges nach Asien, eine Vereinigung, in der nicht nur der eigentliche Handelsstand, sondern namentlich auch die Industrie vertreten wäre, so ließe sich erwarten, daß es einer solchen gelingen würde, dem deutschen Handel nach jener Richtung hin bald eine andere und höhere Stellung zu erringen, als er bisher hatte, und bald die Wege desselben dorthin so zu ebenen, daß alsdann auch der Einzelne sich ohne Gefahr auf sie wagen kann.

Die vorher aufgestellte Annahme eines großen Geschäfts, welches die von ihm in den Handel gebrachten Waaren auch selbst verschiffte, sollte keineswegs ein bloßes Hülfsmittel der Rechnung sein; sie sollte zugleich das näher darstellen, was ins Leben zu rufen nothwendig erscheint.

Für eine solche großartige deutsch=asiatische Handelsgesellschaft sind, sobald der Suezcanal einmal eröffnet ist, kaum noch Hindernisse des Verkehrs vorhanden. Fehlen in Venedig die nöthigen Hafeneinrichtungen (ich kann darüber vorläufig nichts Genaueres angeben), so reichen ihre Mittel aus, sie zu schaffen, die deutschen Industrieerzeugnisse massenhaft dorthin zu führen, Dampfschiffe zu miethen, zu kaufen oder bauen zu lassen, an den verschiedenen Stationen Kohlenmagazine zu unterhalten und in den Häfen des indischen Oceans Agenten anzustellen, welche die Schiffe schnell abfertigen und die Ver= und Einkäufe der Waaren ausführen. Alles dies muß einmal geschehen; aber bei großartigen Mitteln geschieht es schnell und ohne Schaden, während die gefährlichsten Wagnisse und die eifrigsten Bemühungen der Einzelnen vielleicht erst in Jahrzehnten erreichen, was schon in nächster Zeit nutzbar werden sollte. Die Verhältnisse scheinen klar darauf hinzuweisen.

England, wenn man auch in neuester Zeit nichts unterläßt, ihm die Augen zu öffnen, ist doch noch voll des ehedem eingesogenen Mißtrauens gegen den technischen und mercantilen Erfolg des Suezcanal=Unternehmens. Beharrt es hierin, wie dies in hohem Grade wahrscheinlich ist, noch länger, so ist für andere Nationen die Gelegenheit günstig, durch Benutzung des kürzeren Weges einen Theil seines Handels an sich zu reißen.

Frankreich dagegen wird sicherlich mit aller Energie bemüht sein, seinen Waaren auf dem asiatischen Markte Geltung zu verschaffen. Es ist auf die Eröffnung des neuen Seeweges am meisten vorbereitet, es knüpft die größten Hoffnungen daran und wird daher versuchen, ihn zu einem vorwiegend französischen Canal zu machen. Frankreichs Lage zu ihm, ist auch für den Augenblick viel günstiger als Deutschlands, da

VII. Die Ausnutzung des Canals.

sein Mittelmeerhandel nicht durch fremde Häfen und über Alpenpässe hin zu gehen braucht. Will daher Deutschland dem französischen Handel nicht von vornherein den Vorsprung einräumen, so muß es mit gleicher, aber **mit noch mehr planmäßig geleiteter Energie** ihm die Spitze zu bieten suchen.

Frankreich hat schon seit 1862 in umfassendster Weise seine Pläne zur Ausnutzung des Suezcanals vorbereitet. In dem genannten Jahre vermochte es Aegypten, ihm verschiedene Punkte längs der afrikanischen Küste des rothen Meeres abzutreten. So nach G. Schweinfurth (Zeitschr. der Gesellschaft für Erdkunde zu Berlin, Bd. III. 1868. S. 521) den Hafen von Gimsah nebst 160 Miles Küstenland, südlich vom Cap Seït, wo sich Schwefel und Petroleum finden, an die Compagnie soufrière; so den Hafen von Obok, an der Straße Bab-el-Mandeb, mit 112 Kilometer Küstenland von Ras Ali bis Ras Dumera; so ferner die Insel Desseh und die Häfen von Zulha, Ed und Duba an der Küste Danakil. (Guillemin a. a. O.) Ebenso erlangt die Colonie in Cambodja, wenn sie durch den Canal dem Mutterlande militärisch und commerciell näher gerückt wird, eine erhöhte Wichtigkeit, besonders, falls sie bestimmt wäre, ähnlich wie die englischen Besitzungen über Vorderindien, so einst über das ganze Hinterindien sich auszudehnen und den Zugang zum chinesischen Reiche von Süden her zu bilden. Auch die Insel Formosa ist in der neuesten geographischen Literatur Frankreichs so vielfach besprochen,*) daß daraus hervorgeht, wie man die Bedeutung dieser Insel für die Macht und Handelsstellung einer europäischen Nation in den chinesischen Meeren dort keineswegs unterschätzt.

An den meisten dieser Punkte hat indessen auch England schon wacker vorgebaut. Außer den Inseln Kamaraan und Muschach besitzt es in der Festung Aden mit ihrer Dependenz, der Insel Perim, den Schlüssel zum Rothen Meere. Die Kanonen der letzteren Insel beherrschen das schmale Fahrwasser der Meerenge Bab-el-Mandeb vollständig, und Aden heißt nicht ohne Grund das „Gibraltar des Ostens." Auch Englands ostindische Colonien rücken näher an das Mutterland, sogar in noch höherem Grade als Cambodja an Frankreich. Und in Betreff des Wegs durch Hinterindien nach der chinesischen Provinz Yünnan und an den oberen Lauf des Yang-tse-Kiang, ist England ebenfalls im Begriff durch Herstellung zweier Straßen von Rangun und von Calcutta aus in diesen Gegenden den Franzosen den Rang abzulaufen.

---

*) V. de Saint-Martin, Aperçu général de l'île de Formose, Bulletin de la Société Géographique. 1868. XV. p. 525. Guérin et Bernard, Les aborigènes de l'île de Formose, ibid. 1868. XV. p. 542. Exploration dans la partie méridionale de l'île de Formose, ibid. 1868. XVI. p. 140.

Ob nicht auch Deutschland aus diesen Beispielen Veranlassung nehmen sollte, seinen Handel in jenen Gegenden durch Gründung von Colonien zu kräftigen? Vorgeschlagen sind dafür besonders die Insel Formosa, die Nikobaren und die Sulu-Inseln zwischen Borneo und Mindanao. Wichtiger als Colonien dürfte die Erwerbung von Grund und Boden in den Haupthäfen sein, der für den Handel möglichst günstig gelegen wäre. Colonien würden sich empfehlen, wo der Handel erst ins Leben gerufen werden soll, z. B. an den Küsten des Rothen Meeres, besonders auf der arabischen Seite. An diesen Küsten ist dem Handelsverkehr und dem Zugang zum Innern weit weniger die Natur als der religiöse Fanatismus der Bewohner hinderlich, auf dessen Abnahme mit der Zeit und bei näherer Bekanntschaft mit den Europäern doch wohl zu rechnen ist. Dabei ist Arabien nicht unproductiv. Der Export dieser Küsten würde bestehen können aus: Caffee, Gummi, Straußenfedern, Pferden, Datteln, Perlen, Schwefel, Edelsteinen, Weihrauch, Taback, Aloe; als Import empfehlen sich dagegen (Szarvady a. a. O.): Werkzeuge, Messer, Feilen, Kattun, Glocken, Stahl und Eisendraht, Nürnberger Fabricate, Spiegel, Holzwaaren, Horndosen, Türkenbecher, Nürnberger und Zerbster Goldfaden, Glasperlen von Venedig, Glaswaaren und Krystalle, Porzellan, Tassen, Geschirre, Baumwollengespinste, bedruckte Kattune, Tücher, Feuerzeuge, Flinten, Pistolen, Säbelklingen.

Ja, immerhin beachtenswerth ist auch eine Notiz im „Ausland", 1865, Nr. 36, S. 849, wonach Moquaddasy, ein arabischer Geograph, der um's Jahr 965 nach Chr. lebte, erzählen soll: „Zwischen Haura und Merwa entstand einst ein Feuer, und es brannten Steine wie Holz;" eine Erzählung, aus der der Autor des Artikels auf das Zutagetreten von Steinkohlen in jener Gegend (25° nördl. Br.) schließt. Dieser Schluß hat nichts Unwahrscheinliches, da Arabien in seinem Innern keineswegs nur Sand enthält, sondern ebensowohl Gebirge aus Porphyr, Basalt und Kalk, auch um Medina herum deutliche Spuren vulkanischer Thätigkeit sich zeigen sollen (v. Klöden, Handb. d. Erdkunde, 1862, pag. 218), und da das Vorhandensein vegetabilischer Schätze unter der Erdoberfläche an verschiedenen Punkten Syriens und des rothen Meeres durch das Vorkommen von Asphalt, Naphtha und Petroleum angezeigt wird.*)

---

*) Nach G. Schweinfurth (a. a. O.) soll das ägyptische Petroleum dem amerikanischen an Qualität voran stehen und bei Gimsah reichlich vorhanden sein, aller Wahrscheinlichkeit nach auch noch an andern Punkten dieser und vielleicht auch der gegenüberliegenden arabischen Küste; wenigstens hebt Schweinfurth die Aehnlichkeit der Schichtenformation zwischen Gimsah und einigen andern Punkten weiter südlich an derselben Küste (Insel Makaur, Cap Rauaï) hervor.

VII. Die Ausnutzung des Canals.

Ausführlicheres über „das rothe Meer in seiner Bedeutung für den Handel" findet man in einem sehr werthvollen „Originalbericht aus Alexandrien", der in den Mittheilungen der K. K. geographischen Gesellschaft zu Wien 1869, Nr. 6, S. 333 soeben erschienen ist. Indessen will ich die Idee von Niederlassungen an einem oder dem andern dieser Punkte nicht allzu weitläufig besprechen, da ich die Wichtigkeit derselben zwar nicht als gering, doch gegenüber der des Suezcanalhandels im großen Ganzen als untergeordnet ansehe. Durch die Besprechung dieses Gegenstandes sollte nur die Gunst und die Gefahr der gegenwärtigen Sachlage für die Entwickelung des deutschen Handels auch nach dieser Seite hin zur Anschauung gebracht werden; an dem Beispiel anderer Nationen sollte bewiesen werden, daß es nothwendig ist, außerordentliche Mittel in Anwendung zu bringen, um außerordentliche Erfolge zu erreichen.

Möchte eine solche Ueberzeugung bei Denjenigen Wurzel schlagen, welche im Stande sind, in diese Frage handelnd einzugreifen, und sie veranlassen, eine Vereinigung der angegebenen Art zur Ausbeutung der Vortheile des Suezcanalhandels zu schaffen. Gelingt es derselben in gehörigem Maße, das Werk der französischen Compagnie für sich nutzbar zu machen, so wird sie und mit ihr Deutschland die Früchte eines Unternehmens ernten können, welches fast ohne Zuthun der deutschen Nation zu Stande gekommen ist. Wird dann auch immer das Verdienst und der Ruhm, den Canal erbaut zu haben, den Franzosen bleiben — die Vortheile desselben werden hauptsächlich der Nation zufließen, welche die andere nicht weniger großartige Aufgabe, die Ausnutzung des Canals durch den Handel, am besten zu lösen versteht. Hierin aber soll der Wettlauf erst beginnen, nachdem am 1. October d. J. die erste Aufgabe, der Bau des Canals, vollendet sein wird.

Nachtrag.

Es bleibt noch übrig, auf die Fortschritte hinzuweisen, welche in der Suezcanalfrage während des Druckes dieser Arbeit geschehen sind. An Publicationen darüber hat es in neuester Zeit nicht gefehlt. Namentlich geben die Berichte in den Illustrated London News vom März und April, welche mit zahlreichen und vortrefflichen Holzschnitten ausgestattet sind, ein sehr anschauliches Bild von den localen Verhältnissen des Isthmus und seines Canals.

Die commercielle Seite der Frage behandelt dagegen der ungenannte Autor einer Reihe von Berichten über „den Suezcanal und seine Zukunft" sowie über „das rothe Meer in seiner Bedeutung für den Handel", die in den Mittheilungen der K. K. geographischen Gesellschaft zu Wien 1869, Heft 5 und 6 enthalten sind. Auch dieser Autor hebt die Concurrenz Venedigs mit Triest hervor, wobei er hofft, daß die projectirte Bahn über den Preditpaß für Triest entscheiden werde, und ruft auch schließlich ebenfalls seine österreichischen Landsleute auf, mit vereinten Kräften zusammen zu wirken, um die Vortheile des neuen Seewegs sofort nach seiner Eröffnung auszunutzen. Er empfiehlt die oben erwähnte Lloyd=Dampferlinie nach Bombay.

Nach demselben Autor (Bericht vom 16. Februar 1869) sind von Seiten der Canal=Compagnie folgende Beschlüsse gefaßt worden:

1) Alle Dampfer können mit eigner Dampfkraft und mit einer Geschwindigkeit von 10 Kilom. pr. Stunde fahren. Segelschiffe über 50 Tonnen Gehalt werden auf ihre Kosten remorquirt mit einer mittleren Geschwindigkeit von 6—7 Kilom. per Stunde. Segler unter 50 Tonnen können frei mit Segeln fahren.

2) Es sollen auf Distanzen von 10—12 Kilom. Ausweichstellen für die Schiffe eingerichtet werden.

3) Jedes Schiff, mit Ausnahme der Segler unter 50 Tonnen Gehalt, muß für die Fahrt durch den Canal einen Piloten aufnehmen.

4) Die Häfen, Seeen und die ganze übrige Strecke des Canals sollen bei Nacht beleuchtet werden, und zwar sind 180 Flammen dafür in Aussicht genommen. Im Timsah und in den Bitterseeen soll die Passage durch Boien und Leuchtthürme bezeichnet werden.

Endlich erwähnt die Vossische Zeitung vom 21. Mai eines Abkommens, welches die Aegyptische Regierung mit der Suezcanal-Compagnie getroffen habe, um alle vergangenen und zukünftigen Ansprüche zu regeln. Eine der bisher der Compagnie zugestandenen Concessionen, die abgabenfreie Einfuhr aller Waaren nach Aegypten — für die Zukunft ein sehr gefährliches Zugeständniß — ist jetzt annullirt worden, so daß die Compagnie fernerhin denselben Abgaben und Regulationen wie jeder Andre unterworfen sein wird. Das Abkommen überläßt der Aegyptischen Regierung ferner den Post- und Telegraphendienst für das ganze Gebiet des Canals, sowie die Fischerei als Monopol, sodann alle Hospitäler und sonstigen Gebäude auf dem Isthmus, mit Ausnahme der in den größeren Städten (wie Ismaïliah und Port-Saïd) aufgeführten, und verpflichtet die Compagnie, für diejenigen Gebäude, welche sie noch fernerhin zu benutzen gedenkt, 5 % ihres Werths als jährliche Miethe zu zahlen. Dafür erhält die Compagnie die Summe von 1,500,000 £.